아름다운 반려식물
제라늄 재배노트

김종구

그래! 제라늄

GERANIUM

PELARGONIUM

과학원예사

아름다운 반려식물
제라늄 재배노트

발행일 2022년 5월 12일 초판 1쇄
지은이 김종구(농부네농장)
펴낸곳 과학원예사
그 림 김승연
사 진 임종욱
등 록 1997년 12월 30일(제16-1532호)
주 소 서울시 중구 마른내로 12길 6
전 화 02-577-1096
팩 스 02-577-1098
이메일 horttec@naver.com
가 격 20,000원

ISBN 978-89-94832-16-6 13520

이 책의 저작권은 출판사와 저자에게 있습니다.
저자와 출판사의 허락 없이 원고와 사진, 그림 내용을 인용하거나 발췌하는 것을 금합니다.

머리말 Prologue

남아프리카 일대가 원산지인 제라늄(Geranium)은 펠라고늄속의 반내한성 다년초로 꽃 시장에는 많은 하이브리드 종자로 길러진 제라늄이 유통되고 있고 육종 번식까지 겸하는 농가들은 꽃과 잎의 색상이 다양한 제라늄을 생산함으로써 소비자 구매 패턴에 대응하고 있습니다.

제라늄은 다육식물처럼 다소 두꺼운 잎과 굵은 줄기를 가지고 건조에 강한 것이 특징이며 재배환경만 맞으면 거의 일 년 내내 꽃이 피는 '조날계 제라늄(Zonale Geraniums)'과 봄부터 가을에 걸쳐 개화하는 '리갈계 제라늄(Regal Geraniums)', 유럽가정의 창가를 장식하는 축축 늘어지는 '아이비계 제라늄(Ivy Leaf Geraniums)', 잎에 벌레를 쫓는 독특한 향이 있는 '센티드 제라늄(Scented-leaf Geraniums)'으로 크게 분류돼 유통되고 있습니다.

조날계 제라늄 (Zonale Geraniums)
Pelargonium x hortorum

'제라늄' 하면 제일 먼저 떠오르는 형태의 꽃이 바로 조날계 제라늄입니다. 그래서 '국민 제라늄', '시장표 제라늄'이라 불리기도 하는데 일상에서 가장 많이 볼 수 있는 제라늄입니다. 꽃볼도 크고 꽃이 크게 피며 관리도 수월한 편이어서 전문가들은 제라늄계로 입문(入門)하려는 이들에게 첫 번째로 권유하는 품종들입니다. 흔히 제라늄이라고 말할 때 떠오르는 조날계 제라늄은 더위에도 강하고 독특한 향이 있어 충해도 거의 없고 관리에 집중하지 않아도 연중 내내 꽃이 저 혼자 피고 지는 순둥이 품종입니다.

조날계 제라늄은 잎에 말발굽 무늬가 선명하고 잎 모양도 다양하며 잎의 감촉도 실크나 벨벳 느낌이 나는 품종이 많아 재배하다 보면 조날계 제라늄의 늪에서 헤어 나오지 못하게 하는 매력덩어리 제라늄입니다.

리갈계 제라늄 (Regal Geraniums)
Pelargonium x domesticum

이름 그대로 장엄한 제왕의 풍모가 돋보이는 것이 특징입니다. 리갈계 제라늄은 무리지어 피어 화형(花形)이 아주 아름다운데 크는 속도가 빨라 수형 잡기가 어렵다는 단점도 있지만 제대로만 기르면 제라늄 전시회장을 압도하는 것은 단연 이처럼 크고 화려한 리갈계 제라늄입니다. 크고 아름다운 꽃이 가득한 리갈계 제라늄 화분은 보는 이의 마음까지도 풍요롭게 해줍니다.

무더운 여름이 되면 휴면기에 들어가 봄에서 여름까지만 꽃이 피는 게 단점이라면 단점이고 매력이라면 또 매력입니다. 미국 초대 대통령 조지 워싱턴의 부인인 마사 워싱턴이 리갈계 제라늄 애호가였던 관계로 '마사 워싱턴 제라늄(Martha Washington geranium)'이라고도 불립니다.

아이비계 제라늄 (Ivy Leaf Geraniums)
Pelargonium peltatum

조날계 제라늄혈통을 부분적으로 가지고 있는 품종도 혼재하며 아이비라는 이름에서 알 수 있듯이 담쟁이 잎처럼 잎사귀가 갈라져 있으며 줄기가 스스로 꼿꼿이 서지 못하고 길게 늘어져서 자랍니다. 그런 특성을 살려 창가를 장식하는 용도로 재배합니다.

아이비계 제라늄은 담쟁이 넝쿨처럼 잎이 늘어져 자라는 제라늄으로 담쟁이 넝쿨에 탐스럽고 아름다운 꽃이 피었다 상상하면 무조건 키우고 싶은 마음이 들 것입니다. 축 늘어진 잎이 특징인 만큼 무늬가 있는 팬시리프종이 많아 꽃 없이 잎만 감상하는 것만으로도 눈이 즐거워집니다.

향(香)계 제라늄 (Scented-leaf Geraniums)
Pelargonium quercifolium

흔히 구문초(驅蚊草)라고 해서 모기 등 해충 벌레를 쫓는 강한 향 성분을 가지고 있으며 국내에서는 주로 *Pelargonium graveolens*(로즈 제라늄)과 이를 베이스로 교배된 품종이 유통되며 유칼립투스 향에 장미향 또는 레몬향을 섞은 것 같은 향이 납니다. 제라늄 재배가 일상인 유럽에서는 제라늄 중에서도 특히 향기가 강한 센티드계 제라늄 품종이 벌레 제거 효과가 있어 창가에 장식하는 것이 보편화 돼 있습니다.

15년여의 세월동안 1,000여종의 제라늄을 재배하고 애호가들에게 판매하면서 '화려하면서도 소박하고' '까다로우면서도 무던하고' '순하면서도 강한' 제라늄은 제 삶에 깊게 녹아들어 있습니다.

힘든 치병(治病) 생활 중 제라늄과 교감하며 위로받고 회복하는 분을 보면서 제라늄은 여러 가지로 우울한 일들이 많은 이 시대에 적합한 반려식물임을 다시 한 번 확인해 봅니다. 그동안 제라늄과 함께 했던 얘기들을 책으로 엮었습니다. 아름다운 반려식물 제라늄의 세계로 여러분을 초대합니다.

2022년 제라늄 전시회를 준비하는 5월
김 종 구

차례 Contents

머리말 Prologue
차례 Contents

PART I
제라늄, 꽃의 요정

주위를 환하게 밝혀주는
아름다운 제라늄

조날계 제라늄 Zonal Geraniums ...10
- 살몬 콤테스(Salmon Comtes) ...11
- 비트윅스(Betwixt) ...12
- 모자이크 실키(Mosaic Silky) ...13
- 그래피티 더블 살몬(Grafity Double Salmon) ...14
- 보른홀름(Bornholm) ...15
- 루드윅버거 플레어(Ludwigsburger Flair) ...16
- 오렌지 아이스(Orange Ice) ...17
- 핑크 판도라(Pink Pandora) ...18
- 데니스(Denis) ...19
- 미시즈 퀴터 제니(Mrs. Quiter Janie) ...20
- 마베카 톨판(Marbecka Tulpan) ...21

리갈계 제라늄 Regal Gerariums ...22
- 콴탁 더블 다이아몬드(Quantock Double Diamond) ...23
- 콴탁 퍼펙션(Quantock Perfection) ...24
- 엔젤아이즈 오렌지(Angeleyes Orange) ...25
- 그랑파소 핑크 드레스(GranPasso Pink Dress) ...26
- 버뮤다 소프트 핑크(Bermuda Soft Pink) ...27
- 임페리얼(Imperial) ...28
- 캔디플라워 다크 레드(Candy Flowers Dark Red) ...29
- 조지아(Georgia) ...30
- 아리스토 서프라이즈(Aristo Surprise) ...31
- 아리스토 블랙 벨벳(Aristo Black Velvet) ...32

아이비계 제라늄 Ivy Leaf Geraniums ...33
- 컬러케이드 라일락(Colorcade Lilac) ...34
- 브라이덜 로즈 아이비(Bridal Rose) ...35
- 엘레간떼 핑크(Elegante Pink) ...36
- 화이트 펄(White Pearl) ...37
- 블루 시빌(Blue Sybil) ...38
- 에브카(Evka) ...39

- 토미(Tommy) ...40
- 비바 캐롤라이나(Viva Carolina) ...41
- 퍼플 시빌(Purple Sybil) ...42
- 빈티지 로즈(Vintage Rose) ...43

향(香)계 제라늄 Scented-leaf Geraniums ...44
- 레이디 플리머스(Lady Plymouth) ...45

PART II
제라늄을 알자

제라늄은 어떤 꽃인가? ...48

제라늄 종류별 특징 ...49

제라늄 재배 및 관리 ...51
- 햇빛 ...51
- 온도 ...51
- 물관리 ...52
- 흙 ...53
- 비료관리 ...53
- 분갈이 ...55
- 병해충 ...55
- 가지치기 ...56

제라늄 사계절 관리 키포인트, 재배 캘린더 ...58
- 01월 관리요령 ...58
- 02월 관리요령 ...60
- 03월 관리요령 ...62
- 04월 관리요령 ...64
- 05월 관리요령 ...66
- 06월 관리요령 ...68
- 07월 관리요령 ...70
- 08월 관리요령 ...72
- 09월 관리요령 ...74
- 10월 관리요령 ...76
- 11월 관리요령 ...78
- 12월 관리요령 ...80

PART III
제라늄과 대화하고 보살피는 방법

제라늄 재배 키포인트(공통) ...84
- 제라늄 잎이 작고 잘 자라지 않는 이유 ...85
- 제라늄 키우기 적합한 비료 종류는? ...86
- 온도가 높을 때 제라늄에 나타나는 현상들 ...87
- 제라늄 여름철 환풍·분갈이·물주기 등 관리요령 ...88
- 제라늄 비온 후 관리요령 ...90
- 제라늄 병충해 어떻게 관리할까? ...91
- 가을, 겨울 제라늄 물관리 요령 ...92
- 제라늄 잎에 단풍이 드는 이유 ...93
- 오래된(나이 먹은) 제라늄 분갈이 방법 ...94
- 겨울철 갑자기 추워질 때 관리요령 ...96

조날계 제라늄 재배 키포인트 ...97
- 조날계 제라늄 종류와 특징 ...98
- 조날계 제라늄 분갈이 방법과 초보자가 키우기 쉬운 품종 ...100
- 조날계 제라늄 모종 분갈이 ...102
- 조날계 제라늄 순따기 하면서 풍성하게 키우기 ...103
- 조날계 제라늄 일반적인 관리 ...104

리갈계 제라늄 재배 키포인트 ...105
- 리갈계 제라늄 종류와 특징 ...106
- 리갈계 제라늄 어떻게 하면 잘 키울까? ...108
- 리갈계 제라늄 여름 잘 나는 방법 ...110
- 리갈계 제라늄 모종 분갈이 시기 ...112
- 리갈계 제라늄 순따기 방법 ...114
- 리갈계 제라늄 어떻게 꽃대가 형성될까? ...116
- 리갈계 제라늄 잎이 노랗게 변하는 원인과 예방 ...118

아이비계 제라늄 재배 키포인트 ...120
- 아이비계 제라늄 둘러보기 ...121
- 아이비계 제라늄 종류와 특징 ...122
- 아이비계 제라늄 튼튼하고 아름답게 키우는 요령 ...124
- 아이비계 제라늄 모종심기와 분갈이 요령 ...126

참고자료 ...128

PART I
제라늄, 꽃의 요정

주위를 환하게 밝혀주는
아름다운 제라늄

조날계 제라늄 Zonal Geraniums

- 살몬 콤테스 Salmon Comtes
- 비트윅스 Betwixt
- 모자이크 실키 Mosaic Silky
- 그래피티 더블 살몬 Grafity Double Salmon
- 보른홀름 Bornholm
- 루드윅버거 플레어 Ludwigsburger Flair
- 오렌지 아이스 Orange Ice
- 핑크 판도라 Pink Pandora
- 데니스 Denis
- 미시즈 퀴터 제니 Mrs. Quiter Janie
- 마베카 툴판 Marbecka Tulpan

살몬 콤테스 Salmon Comtes

- 겹꽃이 피며 꽃색상은 연어(새몬)색깔이 가운데 부분에 집중 돼 있고 하얀색이 그 주위를 에워싸고 있다. 절정기를 지나면 꽃잎이 펼쳐지면서 점차 하얀색 부분도 연어색으로 물들어 간다.

- 잎가장자리가 뭉툭한 거치가 있으며 잔털이 많다. 잎에 독특한 향이 있어 병해충에 강하다.

- 온도에 민감해서 직사광선 아래서 물을 주면 자칫 물러질 수 있다. 삽목번식은 힘든 편이다.

비트윅스 Betwixt

- 잎이 아이비계처럼 앙증맞고 귀엽다. 얼핏 아이비계가 위로 자라는 듯하다. 홑꽃의 주홍색 꽃이 소박하게 핀다.

- 담쟁이넝쿨처럼 뾰족한 잎에 말발굽 문양도 선명하고 붓으로 그린 듯 녹색잎 테두리에 노란색으로 둘러 싼 희귀한 품종으로 애호가들의 사랑을 듬뿍 받는 품종이다.

모자이크 실키 Mosaic Silky

- 화려하나 단아한 느낌을 주는 마젠타색의 반겹꽃이 핀다.

- 엽맥이 뚜렷해 잎 한 장 한 장을 감상해도 시간 가는 줄 모를 정도로 그물모양의 엽맥이 모자이크처럼 세밀하게 펼쳐져 있다. 게다가 나도 모르게 저절로 손이 가서 만지는 잎은 이름 그대로 실크, 부드럽기 그지없는 비단 감촉이다.

그래피티 더블 살몬 Grafity Double Salmon

- 잎이 별모양인 스텔라 시리즈 중 한 품종이다. 별밭에 또 별이 뜬 것 같은 독특한 꽃모양을 뽐낸다. 길쭉길쭉 날씬한 꽃잎이 무려 30장이 모여 있으니 불꽃 느낌도 난다.

- 더위에 강하고 꽃대가 길어 잎과 떨어져 피어 고고한 자태를 뽐내는데 전체적으로 크게 자라는 품종이다.

보른홀름 Bornholm

- 조날계에서 유일하게 장미처럼 꽃이 피는 귀한 품종이다. 치밀한 조직의 엽맥을 보고 있으면 감탄이 절로 나온다. 일조량에 따라서 엽맥 형성이 다양해지므로 취미 애호가들은 햇빛과 숨바꼭질 해가며 엽맥을 관찰하는 재미는 덤으로 얻을 것같다.

- 잎도 잘 퍼져나가고 더위에도 강하며 꽃볼도 크고 꽃대도 많이 나와 풍성한 제라늄의 진면목을 맛볼 수 있게 해준다.

루드윅버거 플레어 Ludwigsburger Flair

- Selecta社의 선라이즈 시리즈 중 인기가 높은 '루드윅버거 플레어'(독일어 발음으로는 '루드비히스부르거'라 해야 하나?).

- 꽃볼이 크고 잔털이 많다.

- 꽃잎의 색깔이 연녹색에서 흐린 노란색, 그리고 분홍색으로 변화하는 모습이 흥미롭다. 가운데 분홍색은 햇빛을 받으면 더 짙어진다.

오렌지 아이스 Orange Ice

- 꽃볼이 크고 얼핏 다홍색 미세한 점이 박힌 것처럼 보이는데 얼음물에 오렌지색깔이 풀려나가듯 꽃잎이 물들어 있다.

- 잎이 동글동글 부드러운 원형인데 꽃잎이 화려해 잎색깔은 초록으로 심플하다.

- 더위에 약하므로 여름철에 분갈이나 삽목은 부득이한 경우가 아니면 하지 않는 편이 낫다. 잘못하면 뿌리가 썩기 쉽다.

핑크 판도라 Pink Pandora

- 잎 테두리에 부드러운 거치가 있고 왁스를 바른 듯 윤기가 흐른다. 약간 오므린 상태로 반질반질한 촉감이 매력이다.

- 꽃볼이 큰데 마치 튤립을 닮은 작은 분홍색 꽃들이 30여개 무리지어 피어 있어 신비로움마저 선사한다. 특히 꽃몽우리 상태는 초록색 열매가 달린 느낌을 주는데 초록색 겉꽃잎을 뚫고 분홍색 꽃잎이 전개되는 개화과정을 보는 재미도 쏠쏠하다.

데니스 Denis

- 꽃대 하나만으로도 부케가 될 수 있을법한 매력덩어리 데니스.

- 크림색과 새몬(연어)색이 잘 조화된 장미꽃 수십 개가 한 꽃대에서 핀다.

- 잔털이 많이 나고 말발굽 도장이 선명하게 찍힌 넓은 잎은 보는 이에게 안정감과 시원함을 선물한다. 여름에 약하다는 점이 의외일 정도로 건강미 넘치는 잎을 장착하고 있다.

미시즈 퀴터 제니 Mrs. Quiter Janie

- 잎의 무늬가 화려한 팬시리프 종류이다. 테두리 연녹색을 조금 남기고 둘러져 있는 갈색 말굽문양이 화려해 잎만으로도 관상가치가 충분한 품종이다.

- 물을 주는 양에 따라 잎 색깔이 연하게 되거나 짙어진다. 아무래도 진녹색 잎보다는 생리적으로 약한 편이다.

- 화려한 잎과는 대조적으로 연한 다홍색 홑꽃은 마치 앵초처럼 소박하고 수줍은 모양인데 꽃과 잎의 조화가 완벽하다.

마베카 툴판 Marbecka Tulpan

- '툴판'이라는 이름에서 이미 튤립처럼 생긴 꽃이 핀다는 것을 짐작할 수 있다. 꽃대도 잘 올라오고 꽃잎도 30장이 돼 감상하는 마음이 뿌듯하고 즐겁다.

- 잎에 윤기가 흐르며 진녹색으로 분홍색 꽃잎과 조화를 이룬다. 삽목을 빈번하게 하면 잎의 반짝거림이 덜해지며 꽃도 더디 피고 물을 너무 많이 주면 꽃이 안 핀다.

리갈계 제라늄 Regal Gerariums

- 콴탁 더블 다이아몬드 Quantock Double Diamond
- 콴탁 퍼펙션 Quantock Perfection
- 엔젤아이즈 오렌지 Angeleyes Orange
- 그랑파소 핑크 드레스 GranPasso Pink Dress
- 버뮤다 소프트 핑크 Bermuda Soft Pink
- 임페리얼 Imperial
- 캔디플라워 다크 레드 Candy Flowers Dark Red
- 조지아 Georgia
- 아리스토 서프라이즈 Aristo Surprise
- 아리스토 블랙 벨벳 Aristo Black Velvet

콴탁 더블 다이아몬드 Quantock Double Diamond

- 작은꽃과 큰꽃이 겹쳐서 핀다. 이를 두고 육종가는 다이아몬드가 쌍으로 반짝이는 것으로 봐서 명명했는지도 모르겠다. 늘어져서 피는 성질이 있다.

- 앙증맞은 잎들도 무성하게 자라고 의외로 꽃이 많이 달린다. '꽃이 작으면 이파리도 작다'는 점을 보여주는 '콴탁 더블 다이아몬드'는 대신 고혹적인 자주색 꽃으로 존재감을 뽐낸다.

제라늄 꽃의 요정

콴탁 퍼펙션 Quantock Perfection

- 오글거리는 주름이 잡힌 멋진 드레스를 입고 플라멩코를 추는 무희를 보는 것 같다. 꽃잎의 절반이 아래 치마 부분은 연분홍색, 위 저고리부분은 선명한 빨간색으로 대조를 이루는데 하늘거리는 모습이 사랑스러워 '천사 제라늄(Angel Pelargonium)'이라고도 부른다.

- 작고 완만한 거치가 나 있는 잎과 팬지를 닮은 '콴탁 퍼펙션'은 꽃이 많이 피고 잘 늘어지는 특성이 있어 행잉 바스켓 화종으로도 적합하다. 햇빛이 잘 드는 창가에 둬도 좋다.

엔젤아이즈 오렌지 Angeleyes Orange

- 전체적으로 꽃이 균일하게 피고 꽃송이 수가 군락을 이룬 듯 피어 화분에 심겨 있어도 화단에 심겨 있는 느낌이다.

- 햇빛에도 강한 편으로 여름철에 '엔젤아이즈 오렌지'를 보고 있으면 담벼락에 늘어진 능소화가 생각난다. 이처럼 한꺼번에 많은 꽃이 피는 품종은 1월경 전체가지를 순따기를 해주면 보기좋은 수형을 만들 수 있다.

그랑파소 핑크 드레스 GranPasso Pink Dress

- 그랑파소 시리즈 중의 하나로 보르도(bordeaux) 계통이다. 암술과 수술을 내보이며 중앙에서 바깥쪽으로 짙은 분홍색(핑크보다는 라이트 레드에 더 가깝다)으로 물들어가는 자잘한 꽃이 앙증맞다.

- 리갈계 제라늄 특성상 여름나기가 힘들므로 저온에서 꽃눈 형성에 관리포인트를 두고 순따기나 삽목을 실시해야 한다.

버뮤다 소프트 핑크 Bermuda Soft Pink

- PAC社의 버뮤다(Bermuda)시리즈는 대칭을 이루며 퍼져 나가는 수형이 일반 펠라고늄과 달라 독특하고 참신함이 특징이다.

- 거치도 뾰족뾰족하고 큰나무의 잎을 닮아 사진처럼 수형을 잡아주면 여느 분재작품 못지않게 감상의 즐거움을 안겨준다.

임페리얼 Imperial

- 리갈계 제라늄은 리갈(Regal)이라는 단어가 주는 이미지 그대로 꽃 크기가 크고 색상도 화려해 제라늄 전시회의 주인공이 되는데 여기에 임페리얼(Imperial)이라는 이름을 붙였으니 실제로 꽃을 보지 않아도 상상만으로도 위엄 있는 품종임을 짐작할 수 있다.

- 꽃잎 테두리에 하얀색이 둘러져 있어 짙은 자주색이 더 돋보이는데 홑겹으로도 주위를 압도할 수 있음을 보여준다.

- 문제는 '임페리얼'은 온실가루이가 무척 좋아하는 친구라는 점. 즙을 빨아 먹고 똥을 싸 잎을 까맣게 변색시켜 재배자의 마음을 아프게 한다. 온실가루이의 피해를 입었다 판단되면 계피가루나 EM 등을 희석해 도포해주는 친환경 방제를 하면 된다.

캔디플라워 다크 레드 Candy Flowers Dark Red

- PAC社 캔디플라워 시리즈는 베란다에서 키우기 최적화된 품종이다. 내열성이 뛰어나 봄부터 여름까지 쉴 새 없이 꽃이 핀다. 개화를 위해 에어컨을 틀지 않아도 된다는 뜻이다.

- 성장도 빠르고 꽃도 일찍 피어 비교적 짧은 시간에 손도 많이 가지 않으므로 소위 가성비가 뛰어난 제라늄이다.

- 홑겹의 진한 빨간색 꽃은 꽃잎 전체가 동일한 색깔은 아니며 옅은 빨간색 부분은 중간에 세로로 빨간 선이 그어져 있어 붓꽃 느낌도 준다.

조지아 Georgia

- 간결하면서도 오밀조밀한 매력이 돋보이는 조지아(Georgia). 꽃잎 아래 부분은 연분홍이며 수줍은 아가씨의 홍조를 닮았고 꽃잎 위 부분은 짙은 빨간색으로 여기에는 흰색 테두리가 둘러져 있는 섬세한 예쁨이 있다.

- 반그늘 환경에서 잘 자라며 서리는 맞히지 않도록 주의해야 한다.

아리스토 서프라이즈 Aristo Surprise

- PAC社의 아리스토(Aristo) 시리즈는 크고 장중한 느낌을 주는 리갈계 제라늄의 특성을 가장 잘 살려 육종됐다. 아리스토 시리즈의 장점 중 눈에 띄는 것은 유연하면서도 잘 부서지지 않는 큰 삼각형 모양의 잎이다.

- 말굽모양은 없으나 두껍고 윤기가 흘러 튼튼함을 자랑하고 있으며 뾰족한 거치도 아리스토 시리즈의 강한 면을 거들고 있다.

- '서프라이즈'는 꽃잎이 다홍색으로 단일색이긴 하지만 가운데 부분에 검정에 가까운 짙은 빨간색 선이 있고 테두리에도 역시 짙은 빨간색이 있다. 바깥쪽으로 색깔이 퍼지면서 작은 점들이 촘촘히 박힌 것처럼 보이기도 한다.

아리스토 블랙 벨벳 Aristo Black Velvet

- PAC社 아리스토(Aristo) 시리즈 중 가장 강렬한 색감의 '블랙 벨벳'. 마치 검은 마녀가 입는 드레스 옷감으로 꽃을 만든 것 같다.

- 짙은 빨간색의 꽃잎은 그 장중한 존재감만으로 다른 장식이 필요 없이 다른 꽃들과 함께 하면 단연 돋보인다.

- 아리스토 시리즈답게 삼각형의 넓고 윤기 있는 튼실한 잎이 아름다운 꽃을 보좌하듯 떠받들고 있다.

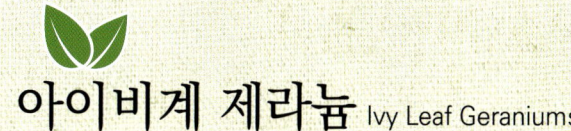
아이비계 제라늄 Ivy Leaf Geraniums

- 컬러케이드 라일락 Colorcade Lilac
- 브라이덜 로즈 아이비 Bridal Rose
- 엘레간떼 핑크 Elegante Pink
- 화이트 펄 White Pearl
- 블루 시빌 Blue Sybil
- 에브카 Evka
- 토미 Tommy
- 비바 캐롤라이나 Viva Carolina
- 퍼플 시빌 Purple Sybil
- 빈티지 로즈 Vintage Rose

컬러케이드 라일락 Colorcade Lilac

- Ball社가 육종한 펠타텀(Peltatum,이 책에서는 아이비계라 칭함)계 품종으로 연보라색 꽃잎이 장미처럼 아름답다. 꽃잎수가 무려 30장이다. 질 때도 장미처럼 오므렸던 꽃잎을 서서히 펼치며 낙화한다.

- 잎 가운데 선명하게 동그란 말발굽 무늬가 찍혀 있는데 연중 개화한다.

- 순따기를 한 후 20~30일 후에 꽃이 피며 가지를 자를 경우에는 40~50일 후에 꽃이 핀다는 점을 고려해 횟수와 간격을 조절한다.

브라이덜 로즈 Bridal Rose

- 처음 꽃이 필 때는 하얀색으로 피다 점점 연한 분홍색으로 물들며 꽃이 핀다. 이름에 브라이덜(Bridal)이 들어가는 것으로 미뤄 봤을 때 당연히 아름답고 사랑스러운 꽃이 피겠지만 관리는 그 만큼 더 꼼꼼하게 해야 함을 짐작할 수 있다.

- 반원을 그리는 야무지고 윤기 흐르는 잎사귀도 매력적인데 아이비계 제라늄의 특징을 살리려면 커다란 분에 3개 이상의 포트를 심는 것이 좋다.

제라늄 꽃의 요정

엘레간떼 핑크 Elegante Pink

- 우아하고 품위 있는, 그리고 세련됐다는 의미의 엘레간떼(elegante)가 이름인데 어떤 면에서는 유니크(unique)가 더 어울릴법한 품종이다. 별처럼 아름다운 잎이 일품이다. 물을 많이 주면 잎 테두리가 하얀색이다가 건조한 상태가 되면 분홍색으로 점점 바뀌어 간다. 잎이 화려한 만큼 꽃은 홑겹의 소박하고 단아한 꽃이 핀다.

- 가뭄에 아주 강해 행잉 바스켓으로 적합한 품종으로 여러 개를 걸어두면 실내외 장식용으로 훌륭하다. 4월부터 10월까지 연속 개화하는데 분홍색 이외에도 녹색, 은색, 기타 혼합색 등이 있다.

화이트 펄 White Pearl

- PAC社 아이비계(Peltatum) 품종으로 이름 그대로 하얀 진주색의 꽃잎에 붉은 립스틱이 그려져 있다. '화이트 펄'은 밝고 깨끗한 색상이 특징으로 잎사귀가 강해 병해충 피해가 거의 없다.

- 시든 꽃이나 잎을 잘 제거하면 봄부터 가을까지 쉼 없이 피고 진다. 가뭄에도 강해 행잉 바스켓으로 활용하면 좋다.

- 햇빛을 좋아하므로 볕이 잘 드는 곳에서 월동하는 것을 권한다.

블루 시빌 Blue Sybil

- PAC社 아이비계(Peltatum) 품종으로 이름 그대로 하얀 진주색의 꽃잎에 붉은 립스틱이 그려져 있다. '화이트 펄'은 밝고 깨끗한 색상이 특징으로 잎사귀가 강해 병해충 피해가 거의 없다.

- 시든 꽃이나 잎을 잘 제거하면 봄부터 가을까지 쉼 없이 피고 진다. 가뭄에도 강해 행잉 바스켓으로 활용하면 좋다.

- 햇빛을 좋아하므로 볕이 잘 드는 곳에서 월동하는 것을 권한다.

에브카 Evka

- '에브카'는 잎이 아름다운 무늬종으로 꽃색깔은 주홍색(스칼렛 레드)이다. 초록색 잎에 연한 노란색이 테두리를 에워싸고 있다. 굳이 순따기나 가지치기를 하지않아도 가지가 잘 퍼지는 것이 특성이다.

- 주홍색 꽃은 홑겹으로 길쭉한 5장의 꽃잎이 활짝 젖혀져 핀다.

- 뿌리썩음병이나 회색곰팡이 병에 유의해야 한다.

토미 Tommy

- 제라늄에서는 희귀한 벨벳 질감의 자주색이 매력적인 '토미'는 반겹 꽃으로 부케모양이 사랑스러운 품종이다.

- 키우기 쉽고 관리가 까다롭지 않은 아이비계 제라늄의 공통 특성을 가지고 있어 색깔이 다른 품종들과 함께 한 분에 심거나 색상 조화를 맞춰 행잉 바스켓으로 장식하면 그 효과가 아주 크다.

- 성장 속도가 빠르며 잎이 다육질로 향기도 있고 원형으로 가운데 말발굽 무늬가 선명하다.

비바 캐롤라이나 Viva Carolina

- PAC社의 비바(Viva) 시리즈에 속하는 '비바 캐롤라이나'는 반겹꽃이 하얀색에서 연분홍색으로 넘어가는 단계가 서서히 펼쳐져 첫인상이 부드럽다. 몽우리 상태의 꽃잎은 흰색에 가까운데 햇빛을 받으며 점차 분홍색으로 칠해지다 꽃잎이 젖혀지면서 가운데 녹색의 속심을 만드는 과정이 이채롭다.

- 환경만 맞으면 연중 핀다는 것이 최대 장점으로 털이 없는, 윤기 흐르는 다육질의 녹색 잎들이 1.5m 가까이 자라나 재배자에게는 다시없는 효자 제라늄이다. 그래서 비바(만세!)인가 보다.

퍼플 시빌 Purple Sybil

- 사촌 '블루 시빌'에 비해 덜 퍼지나 꽃색상이나 모양은 더 장미를 닮았다. 행잉 바스켓으로 햇볕이 잘 드는 곳에 걸어두거나 반그늘진 곳에 심는데 서리는 맞지 않아야 한다는 점에 유의한다. 즉 실내에서 월동해야 한다.

- '퍼플 시빌'을 창가 화분거치대나 행잉 바스켓으로 실외에 내놓을 때는 일주일 정도 실외온도애 적응시켜주는 관리가 필요하다.

- 줄기의 생장점 끝부분을 따준다거나 시든 꽃을 잘 정리하면 여름내내 아름다운 꽃을 선보이는 착실한 아이비계 품종이다.

빈티지 로즈 Vintage Rose

- 점박이 마젠타 색상이 전형적인 꽃색깔을 뛰어넘는 새로움 그 자체인 '빈티지 로즈'. 물감을 슬쩍 흩뿌려 만든 것 같은 점들이 매력적인데 꽃도 일찍 피고 키우기도 수월한 편이다.

- PAC社에서 병충해에 강하고 꽃 크기도 더 크며 개화 기간도 더욱 길게 육종했다. 아이비계답게 벽에 걸거나 행잉 바스켓으로 걸어두면 오랜 기간 멋스런 제라늄을 감상할 수 있는 눈호강을 누릴 수 있다. 화원에서 구입 후에는 개화촉진제나 물비료를 시용하지 않은 것이 건강한 잎과 꽃을 볼 수 있는 키포인트다.

향(香)계 제라늄 Scented-leaf Geraniums

- 레이디 플리머스 Lady Plymouth

레이디 플리머스 Lady Plymouth

- 서리 맞은 모양으로 테두리가 노란색으로 둘러진 회녹색 잎에서는 달콤하면서도 장미향과 레몬향을 섞은 듯한 향기가 난다. 향계 제라늄(Scented Geranium)에서 최고 인기 품종이다. 영국원예학회(R.H.S.) 우수 품종상을 수상했다.

- 라벤더 분홍색의 앙증맞은 꽃도 나름 관상가치가 있는데 향계 제라늄 본연의 가치는 잎에 있어 다른 제라늄에 비해 꽃이 잎의 뒷자리를 차지한다.

- 허브정원 등에 군락해서 심으면 그 관상효과가 극대화 되며 가뭄에도 강하고 병해충이 거의 없어 작은 수고에도 큰 즐거움을 안겨주는 과묵한 강자 제라늄이다.

PART II
제라늄을 알자

01 | 제라늄은 어떤 꽃인가?

제라늄은 펠라고늄속의 반내한성 다년초로 꽃시장에는 많은 하이브리드 종자 제라늄이 도입되어 있으며 육종 번식까지 겸하는 농가들은 꽃과 잎의 색상이 다양한 제라늄을 생산함으로써 변화하는 소비자 구매 패턴에 대응하고 있다.

제라늄은 남아프리카 일대가 원산지로 흔히 펠라고늄(Pelargonium)과 제라늄(Geranium)으로 분류돼 있지만 일반적으로 제라늄으로 통칭되고 있다. 하지만 엄밀히 따져 제라늄은 쥐손이풀과로 야생에서 보는 쥐손이풀과 같은 것을 이르며 원예종으로 시중에서 유통되는 대부분은 모두 펠라고늄이라 칭하는 것이 맞다. 즉 제라늄속과 펠라고늄속으로 구분해야 하지만 제라늄이라는 이름으로 일반인에게 각인돼 있어 화원이나 농장에서 펠라고늄을 제라늄이라 말하고 있다.

* 이 책에서도 펠라고늄을 제라늄으로 통칭하고 있습니다.

제라늄은 다육식물처럼 다소 두꺼운 잎과 굵은 줄기를 가지고 건조에 강한 것이 특징이며 재배환경만 맞으면 거의 일 년 내내 꽃이 피는 '조날계 제라늄(Zonale Geraniums)'과 봄부터 가을에 걸쳐 개화하는 '리갈계 제라늄(Regal Geraniums)', 유럽가정의 창가를 장식하는 축축 늘어지는 '아이비계 제라늄(Ivy Leaf Geraniums)', 잎에 벌레를 쫓는 독특한 향이 있는 '센티드 제라늄(Scented-leaf Geraniums)'으로 크게 분류돼 유통되고 있다.

현재 육종된 제라늄은 수백여 종에 달하는데 대부분 위와 같이 크게 네 종류로 구분하고 세세하게는 잎사귀에 다채로운 무늬가 새겨져 있거나 모양이 다양한 '팬시제라늄', 잎사귀가 단풍잎처럼 갈라지고 좁은 꽃잎을 가진 스텔라 제라늄 등으로 꽃 색상과 피는 방법에 따라 구분하기도 한다. 제라늄은 개화기간도 계통마다 다르고 꽃색도 빨간색이나 분홍색, 흰색 등 기본색 외에 자주색, 짙은 보라색, 라벤다색, 라일락색, 그리고 복합색등 색상범위가 넓다. 아울러 잎의 감촉도 실크느낌, 벨벳섬유촉감 등 변화가 많은데 대체적으로 한 줄기에서 여러 송이의 꽃이 핀다.

유럽 주택의 창가에는 빨간색과 분홍색 꽃 화분으로 장식돼 집 주변 풍광을 더욱 화사하게 만드는데 이 꽃의 대부분은 제라늄으로 보면 틀림없다. 유럽에서는 제라늄 중에서도 특히 향기가 강한 센티드 제라늄 품종이 벌레 제거 효과가 있어 창가에 장식하는 것이 보편화 돼 있다.

02 | 제라늄 종류별 특징

조날계 제라늄 Zonal Geraniums
Pelargonium x hortorum

도로변이나 정원, 일반 가정에서 가장 흔하게 볼 수 있는 제라늄으로 둥그런 잎에 짙은 갈색 말발굽 무늬가 영역(zone)을 나타내고 있다. *Pelagonium zonale*과 *Pelagonium inquinans*를 베이스로 해서 육성한 이종 간 교잡종이다. 온화한 날씨에 햇빛만 충분하면 사계절 내내 피고지고를 되풀이하는 사랑스런 반려식물이다. 보통 종자로 번식되는 홑꽃품종과 삽목이나 조직배양으로 번식시키는 반겹꽃종과 겹꽃종으로 분류되는데 이 중에서 겹꽃품종은 장미와 같은 모양을 한 품종이 많아 로즈버드 제라늄이라고도 불린다.

리갈계 제라늄 Regal Geraniums
Pelargonium x domesticum

*Pelagonium grandiflorum*과 *Pelagonium angulosum* 교잡종이다. 포도나무 잎처럼 생긴 끝이 뾰족뾰족 갈라진 잎과 팬지처럼 큼지막한 꽃이 피는 제라늄이다. 제왕이라는 뜻인 리갈(Regal)이라는 이름이 말하듯 꽃이 화려하고 커서 다른 꽃들을 압도한다. 무더운 여름이 되면 휴면기에 들어가 봄에서 여름까지만 꽃이 피는 게 단점이라면 단점이고 매력이라면 또 매력이다. 미국 초대 대통령 조지 워싱턴의 부인인 마사 워싱턴이 리갈제라늄 애호가였던 관계로 '마사 워싱턴 제라늄(Martha Washington geranium)'이라고도 불린다.

아이비계 제라늄 Ivy Leaf Geraniums
Pelargonium peltatum

학명이 *Pelargonium peltatum*으로 펠타텀계 제라늄이라고도 한다. 조날계 제라늄혈통을 부분적으로 가지고 있는 품종도 혼재하며 아이비라는 이름에서 알 수 있듯이 담쟁이 잎처럼 잎사귀가 갈라져 있으며 줄기가 스스로 꼿꼿이 서지 못하고 길게 늘어져서 자란다.

그런 특성을 살려 창가를 장식하는 용도로 재배한다. 가뭄에 강하며 조날과 마찬가지로 기본적으로는 홑꽃이나 겹꽃이 피는 교잡종이 존재하며 겹꽃은 삽목으로 번식한다.

향계 제라늄 Scented-leaf Geraniums
Pelargonium quercifolium

흔히 구문초(驅蚊草)라고 해서 모기 등 해충 벌레를 쫓는 강한 향성분을 가지고 있으며 국내에서는 주로 *Pelargonium graveolens*(로즈 제라늄)과 이를 베이스로 교배된 품종으로 유칼리툽스 향에 장미향 또는 레몬향을 섞은 것 같은 향이 난다. 이외에도 *Pelargonium odoratissimum*(애플 제라늄), *Pelargonium fragrans*(애플사이다 제라늄), *Pelargonium tormentosum*(페퍼민트 제라늄), *Pelargonium grossularioides*(코코넛 제라늄) 등이 주로재배되고 있다.

03 | 제라늄 재배 및 관리

햇빛

제라늄은 기본적으로 햇빛을 매우 좋아한다. 품종에 따라 어느 정도 차이는 있으나 광량이 부족하면 웃자라고 병충해에 시달리며 꽃이 잘 피지 않는다. 특히 웃자란 제라늄의 수형은 참으로 볼품이 없으므로 광량이 부족하다 생각되면 적당히 순지르기를 하고 일조량이 충분한 곳에서 기르도록 한다.
한꺼번에 많은 꽃을 보기 위해 가지 숫자를 늘리든지 관리하기에 벅찰 만큼 너무 커져버렸을 때에는 가지치기를 적당히 해준다. 가지를 한꺼번에 너무 많이 잘라낼 경우 세력이 급격하게 약해져 죽을 수도 있으므로 어느 정도 자신이 붙기 전까지는 상태를 관찰해가며 조금씩 잘라내 보도록 한다.

제라늄은 일 년 내내 밝은 곳에서 관리하는 것이 좋다.
봄에는 서리가 내리지 않는 곳에서는 밖에 내놓고 햇볕이 잘 드는 곳에 내어두고 반나절 그늘에 배치하는 것도 필요하다. 봄에도 여전히 서리가 내리는 지역이라면 겨울철과 마찬가지로 실내에서 관리하는 것이 좋다.

한여름의 더위에는 몹시 약하므로 여름동안에는 반나절 동안 화분을 그늘로 이동시키는 등 시원한 장소에서 관리한다.
기온이 25℃ 이상 되면 제라늄은 잎이 떨어지거나 잎 색상도 예쁘지 않게 된다.
가을에는 제라늄이 쾌적하게 보낼 수 있는 기후로 이때는 마음 놓고 햇살 쏟아지는 밝은 곳에 둬도 괜찮다. 겨울에는 특히 한파에 주의해야 하며 통풍이 잘 되는 실내에서 겨울나기를 해야 한다.

온도

온도가 제라늄의 성장과 발달에 미치는 영향은 엄청나다. 온도는 광합성과 호흡 속도, 개화 시작 및 개화 과정, 성숙 기간, 최종 식물 품질에 영향을 미칠뿐 아니라 꽃의 수명에도 영향을 미친다. 제라늄은 광범위한 온도(5℃~27℃)에서 생산될 수 있지만, 따뜻한 온도를 유지할 때 가장 잘 자란다. '속성재배' 기술을 사용한 제라늄의 경우 꽃을 보려면 야간 온도 15℃~18℃와 낮 온도 21℃~24℃를 유지하는 것이 식물 생장에 가장 적합하다. 온도가 15℃ 이하로 낮아지면 생장이 느려지기 시작한다. 야간 온도가 13℃가 되면 생장은 느려지고 그만큼 늦게 개화한다.

제라늄은 통상 10℃에서 생장이 거의 멈추며 식물이 10℃ 이하의 온도에 12시간 이상 노출되면 종종 오래된 잎은 붉은 색을 띠게 될 것이다. 반대로 평균기온이 26℃ 이상이거나 평균 낮 기온이 12시간 이상 29℃를 초과하면 어린잎이 엽록소(열 스트레스로 인해)를 잃고 식물의 생장과 발달이 급격히 저하될 수 있다.
저온과 고온에 대한 제라늄 품종별 반응은 상당한 차이가 있다. 일부 품종은 열이나 저온 스트레스를 나타낼 수 있지만 같은 온실에서 같은 조건에서 재배된 다른 품종은 전혀 스트레스의 징후를 보이지 않을 수 있는 것이다.

물관리

원산지인 남아프리카 기후에 적응한 다육질의 줄기와 잎을 가진 제라늄은 건조한 환경에도 매우 강하다. 그렇다고 해서 물을 아껴서는 안 되며 수분이 충분한 환경을 만들어줘야 한다. 다만 과습에는 매우 약하므로 배수에 신경 써야 한다. 물을 줄 때는 흙이 어느 정도 말랐을 때 충분히 주며 화분의 경우 20~30분 정도 저면관수 하는 것도 좋다.

여름철 물 관리
기본적으로 건조에 강하기는 하지만 과습은 금물로 화분의 겉흙을 손으로 만져봐서 습기가 느껴지지 않을 때 관수하면 된다. 여름철에는 특히 증발이 많고 습도 또한 높아 겉흙이 마른 상태에서 조금씩 자주 줘야 한다.

겨울철 물 관리

겨울에는 제라늄 자체 물 흡수력이 떨어져 겉흙이 건조해도 내부는 젖어있을 가능성이 있으므로 물을 주는 시간은 이른 오전이 적당하다. 한낮에는 광합성이 잘 일어나지 않아 물을 많이 필요로 하지 않고 저녁에 물을 과하게 주게 되면 아침까지 화분 속의 흙은 과습할 수 있으므로 주의해야 한다.

흙

흙은 특별히 비옥하거나 거름기가 많을 필요는 없다. 다만 제라늄은 중성보다는 약산성의 흙을 선호하는데 인터넷이나 화원에서 팔고 있는 분갈이 흙이나 상토를 그냥 사용해도 큰 문제는 없다. 재배용 상토를 선택할 때 토양의 물리적·화학적 특성이 중요한데 판매용 상토는 당연히 이러한 조건을 충족시킨 제품이 유통되기 때문이다. 다만 배수가 잘 되도록 펄라이트나 마사토를 좀 더 섞어주는 편이 훨씬 좋다. 상토의 경우 대략 한 달 정도면 비료 성분이 대부분 사라지므로 알갱이로 돼 서서히 녹아드는 지효성 알비료가 좋다.

15cm 화분이라면 인터넷에서 판매되는 알갱이 비료를 반 숟가락 정도 흙 위에 뿌려놓거나 묻어놓으면 된다.

양분이 부족하면 제라늄 잎이나 줄기의 색이 변하는 등 변화가 생기므로 상태를 봐가면서 시비하고 제라늄이 어리거나 어딘가 약해보일 경우에는 피지 않았더라도 꼭 꽃대를 제거한다.

비료관리

제라늄의 성장을 촉진하기 위해서는 생산과정에서 비료관리가 매우 중요하며, 비료로 인한 문제를 피하려면 영양소 관리에 대한 완전한 이해가 필수적이다.

많은 재배자는 수용성 비료를 사용하는데 이는 편리한 시비 방법이지만 충분한 양의 물을 항상 배지를 통해 적절히 사용해야 한다. 급수가 충분하지 않을 때는 비료의 염분이 배지에 축적돼 대개의 경우 배지의 총 비료 함량(수용성 염)이 너무 높아져서 식물의 생장을 심각하게 방해하기 때문이다.

일반적인 영양소 문제
- 모든 제라늄 종류는 고농도의 염류에 견디지 못한다.

- 특히 조날계 제라늄은 철(Fe)이나 망간(Mn)의 독성에 취약하다. 조날 계통들은 pH 범위가 높을수록 과다한 철(Fe)과 망간(Mn)에 의한 피해가 감소될 수 있다.

- 아이비계 제라늄은 종종 철(Fe) 또는 마그네슘(Mg) 결핍으로 인해 엽맥 간에 황화현상을 나타내기도 한다. 마그네슘(Mg) 결핍증상은 하부잎에서 먼저 발생하며 철(Fe)결핍은 일반적으로 가장 어린잎에서 먼저 발생한다.

- 붕소 (B) 결핍은 과거에 조날계 제라늄의 주요 문제였지만 요즈음에는 드문 것 같다. 상부 잎은 황화 되어 밑면에 괴사 병변을 보여준다. 잎은 약간의 압력으로도 쉽게 떨어진다. 아마도 미량 원소를 함유한 수용성 비료를 사용하면 이 문제의 발생을 크게 감소시킬 수 있을 것이다.

- 아이비 제라늄의 부종(잎이 부풀어 오름)
아이비계 제라늄 일부 품종은 부종이라고 불리는 생리학적 상태에 취약하다. 증상은 처음에는 식물의 하부나 오래된 잎 밑면에 융기나 물집으로 나타난다. 그런 다음 병징은 갈색이나 황갈색으로 변하고 코르크화 할 수 있다. 심하게 영향을 받은 잎은 종종 노란색으로 변하고 낙엽이 된다. 최근까지 부종은 과도한 수분, 높은 습도나 열악한 배수때문인 것으로 여겨져 왔다. 낮은 N(질소), P(인), Mg(마그네슘) 및 Fe(철); 6 이상의 pH; 그리고 높은 EC도 문제와 관련이 있었다. 최근 연구에 따르면 부종에 강한 아이비계 제라늄 품종을 선택하는 것이 최선의 방법이다.

분갈이

사람이 보기에는 대수롭지 않게 보일지 몰라도 꽃을 피워내고 씨앗을 만드는 생식활동에 식물은 축적하고 있던 에너지의 상당 부분을 쏟아 붓는다. 굳이 씨앗을 받을 생각이 아니라면 꽃대는 꽃이 어느 정도 지면 잘라내는 것이 좋다. 아울러 1~2년 지나는 동안 3월부터 4월, 9월경에 분갈이를 실시하는 것이 뿌리가 엉켜서 화분이 비좁아지는 것을 막을 수 있다.

뿌리가 자라고 물과 영양소를 흡수하려면 이산화탄소와 호흡 폐기물을 배출하면서 산소를 섭취해야 한다. 이 가스들은 토양 안팎으로 확산되어야 한다. 가스 확산은 물을 통하는 것보다 공기를 통하는 것이 훨씬 빠르다. 더 많은 공기로 채워진 기공 공간을 확보하기 위해서는 거친 입자의 토양이 필요하다. 다공성은 재배 배지의 입자 크기와 분포에 영향을 받는다.

분갈이 화분은 당연히 기존 화분보다 더 큰 사이즈로 준비하고 원래 자란 화분에서 제라늄을 꺼내 흙덩이의 1/3을 털어내고 새 화분에 심는 요령이 필요하다.

병해충

병해

제라늄은 25℃ 이상의 날이 장기간 계속되면 잎색부터 안 좋아진다. 또한 추위에도 약하기 때문에 겨울에는 잎이 손상될 수 있다. 제라늄이 이러한 환경에 처하게 되면 잿빛곰팡이병이나 모자이크병에 걸리기 쉽다.

잿빛곰팡이 병은 저온 다습 조건에서 발생하기 쉽다. 줄기와 잎 등이 녹아내리며 썩게 되고 거기에 곰팡이가 자라는 병이다. 특히 장마 기간에는 더욱 주의해야 한다. 급수를 자제하고 통풍이 잘되는 곳에서 관리하도록 한다. 아울러 잿빛곰팡이 병을 발견하면 그 부분을 바로 제거해야 한다.

모자이크병은 진딧물 등이 매개하여 발생하는 바이러스병이다. 잎과 꽃잎에 모자이크와 같은 모양이 나오는 질병이다. 모자이크병이 발생하면 잎뿐만 아니라 줄기도 작아지고 약해진다.

모자이크병과 같은 바이러스에 의한 병은 치료가 어려우므로 발견되는 대로 병반 부분을 제거해 준다. 이를 예방하는 방법은 잎을 손질할 때 사용하는 가위나 칼을 반드시 열처리하고 나서 작업을 실시하는 것이다. 또한 재배자의 손이나 식물의 뿌리에도 소독하면 병 발생을 막을 수 있다.

충해

제라늄은 온실가루이나 진딧물이 잘 붙는다. 온실가루이는 제라늄의 독특한 향기에도 아랑곳 않고 알을 낳아 잎을 갉아 먹는다. 성충이 되면 살충제를 살포해도 그다지 효과가 없으므로 가능하면 유충일 때 방제해야 한다.

가지치기

제라늄은 키우기 쉬운 식물로 초보자도 기르기 쉽지만 전체적으로 균형이 깨지거나 수형이 흐트러지면 가지치기를 해줘야 한다.

가지치기 시기

제라늄 가지치기는 찬바람이 도는 늦가을에 실시하는 것이 일반적이다. 이 시기는 온화한 기후로 가지치기로 인한 피해가 적다.

제라늄 가을 생육 시기는 9월~11월경이므로 가을 가지치기는 이 시기에 실시하는 것이 좋다. 한여름이나 한겨울에 가지를 치면 제라늄에 스트레스를 주므로 이시기는 피해야 한다.

가지치기 방법

- 자르기

  잘라내는 것은 수형을 정돈할 때 효과적이다. 하지만 키가 작은 제라늄은 굳이 자르지 않아도 된다. 방법은 꽃을 피우고 싶은 장소보다 약간 낮은 싹의 윗부분을 자르면 된다. 꽃이 드문드문 피고 줄기만 길게 웃자란 경우는 전체의 약 1/3 정도로 수형을 다듬어 주면 된다.

- 꽃과 잎 따기

  불필요한 꽃이 피면 손으로 따주고 시들거나 노란색으로 변색한 잎 등도 제거해야 병해를 예방할 수 있다. 아울러 제라늄 꽃이 모두 피어나면 꽃대 자체를 줄기에서 제거해준다. 꽃이 피고 있는 중에도 꽃에 충분한 영양을 주기 위해서도 꽃대나 잎은 수시로 제거해 줘야 기대했던 아름다운 제라늄을 볼 수 있다.

04 | 재배 캘린더

1월 관리요령

1년 중 가장 추운시기이다. 12월보다는 약간 해가 길어지고는 있으나 1월 10~20일 사이 지역에 따라 다르기는 하지만 평균적으로 영하 15~20℃까지 기온이 내려간다.

❶ 제라늄 재배환경이 주간 온도가 20℃가 넘을 때 창문을 조금 열어주는 정도로 통풍한다. 밖은 여전히 영하의 날씨이므로 찬바람을 살짝 맞더라도 얼 우려가 있으므로 이럴 때는 통풍 하지 않는 게 더 낫다.

❷ 해가 점점 길어지고 온도가 높아지는 시기로 물을 12월 보다는 조금 더 준다. 물은 한낮에 준다. 습도가 많으면 웃 자라므로 품종에 따라 세심하게 관리한다.

❸ 아침 최저 2~5℃, 주간 20도℃에서 제라늄은 가장 잘 자란다. 제라늄이 자리하고 있는 곳의 낮 온도는 20℃, 저녁 온도는 5~10℃를 유념하면 잎이 짱짱하게 자란다.

2월 관리요령

민족 명절 설이 들어 있는 2월은 제라늄에게도 명절분위기로 잘 자라는 시기이다. 연중 꽃 색깔이 가장 아름다운 시절이다.

❶ 10일을 넘어서면 벌써 봄기운이 감지된다. 즉 제라늄이 "물을 많이 주세요"라고 말하는 때이다. 따라서 겉흙이 말랐을 때는 무조건 물을 줘야 한다. 물이 잘 마르고 생장도 잘 되는 것 같으면 평소보다 더 2~3배를 줘도 된다. 물이 마르면 앙상한 가지인 상태로 꽃을 피운다.

❷ 꽃색상이 제일 아름다울 때 비료는 수시로 얹어준다. 그러나 비료가 너무 많으면 꽃이 안 필 수도 있으므로 주의한다.

❸ 온도가 높아지면 한낮에 물을 주면 안된다. 약한 줄기가 까맣게 익는 화상을 입을 수도 있으므로 반드시 물을 준 후에는 30~40분 환기시켜 물을 말려야 한다.

❹ 물비료나 개화촉진제는 가급적 사용하지 않는 것이 좋다. 물 조절로 자연개화 할 수 있도록 관리한다.

3월 관리요령

온도차이도 나고 햇살도 좋고 건조해서 제라늄 기르기 가장 쾌적한 환경이다.
3월은 아무렇게나 던져둬도 잘 자란다고 할 정도이다.

❶ 3월부터는 겉흙이 말랐을 때 물을 준다. 우리 집 제라늄 재배환경조건을 잘 살펴서 겉흙이 건조한 편이면 물을 넉넉하게 주고 습도가 높은 편이면 물주는 빈도를 줄여주면 된다.

❷ 비료주기에도 좋은 시기이다. 이 시기 제라늄은 비료를 잘 분해시켜 생장에 필요한 영양소로 전환시킨다. 웃분을 줘도 되는 시기이다. 다만 우리집 재배환경이 습한 편으로 물도 잘 마르지 않고 잎이 너무 커지는 경우라면 멀티코팅 비료를 분에 올려두는 정도면 충분하다.

❸ 바깥 공기를 맞게 해주고 싶은 때이지만 아직 겨울추위가 남아 있으므로 외기 온도를 잘 살펴야 한다. 자칫 겨우내 잘 키웠던 제라늄이 얼어 죽을 수 있다.

❹ 아울러 봄이 온듯해 밖으로 내놓는 경우도 많은데 의외로 3월 햇빛이 강해 잎이 탈 수도 있으므로 아직은 실내 위주로 관리하는 편이 낫다.

4월 관리요령

온도가 오르기 시작하는 4월은 제라늄 관리에 가장 중요한 시기이다. 점차 햇볕도 따가와 지고 온도도 오르며 한차례 꽃샘추위도 있는 등 다양한 날씨변화가 예상되는 시기라 특히 관리에 신경 써야 하는 것이다. 대신 이 시기 세심하게 관리하면 무난한 여름을 날 수 있는 힘을 가지게 된다.

❶ 물이든 비료든 주는 대로 척척 무난하게 소화하고 잘 자라는 시기이다.

❷ 다만 실내온도가 20℃가 넘어가는 시기이므로 환기에 유념한다.

❸ 물주는 시간은 주로 선선한 오후에 주고 물기를 잘 말려줘야 한다. 자칫 무름병의 원인이 될 수 있기 때문이다.

❹ 저녁에도 영하로 내려가지 않는 시기이므로 문을 닫지 않아도 된다.

❺ 고형비료는 상관없으나 물비료 등은 4월까지만 주도록 한다.
분갈이 역시 4월까지 마치고 5월부터는 오래 묵은 제라늄의 분갈이는 자제하는 것이 좋다.

5월 관리요령

5월은 여름으로 가는 길목이다. 낮의 온도가 20℃~25℃로 초여름날씨가 시작되는 때이다. 이때부터는 따가운 햇볕의 영향으로 제라늄 무름병이 생기기 쉽다.

❶ 밀폐된 실내공간에서는 자칫 줄기가 까맣게 썩을 수도 있으므로 11~2시 사이 한창 온도가 높을 때는 차광을 해서 직사광선을 피하도록 한다.

❷ 이시기에는 조금 마른 듯 관수관리를 하는데 이파리가 시들시들 하기 전에 조금씩 자주 물을 주면 줄기가 탄탄해지고 껍질이 두꺼워져 뜨거운 열기에도 강해진다. 너무 물을 많이 주면 웃자라게 돼 연약한 줄기는 작은 열기에도 영향을 받기 쉽다.

❸ 분갈이를 해야 한다면 큰 화분을 사용하기보다는 가급적 작은 분에 분갈이 해준다. 그래야 물을 덜 머금게 돼 곰팡이병, 무름병 등을 예방할 수 있다. 배수가 잘되게 마사토와 펄라이트를 넉넉하게 넣는 것도 좋다.

❹ 아울러 고형비료는 상관없으나 물비료는 주지 않는 편이 낫다. 웃자라기 쉽기 때문이다.

6월 관리요령

6월은 장마가 시작되는 달이다. 온도가 35℃까지 올라가기도 한다. 당연히 실내 밀폐공간은 더욱 온도가 높은 상태인데 비가 와서 습도가 높아지면 제라늄에게는 아주 견디기 힘든 환경이 된다.

❶ 고온다습한 환경으로 줄기가 까맣게 익을 수 있다. 이는 물이 묻은 상태에서 햇볕과 열기를 받으면 줄기가 물러지기 때문이다. 따라서 물은 저녁 무렵 조금씩 준다.

❷ 비가 온 뒤에는 누런 이파리나 꼬들꼬들 시들어가는 꽃대를 따 준다. 잎이 누렇게 되거나 꽃잎이 마른 것은 식물 자체가 연하게 자랐거나 너무 자주 잘라 준 것이 원인이기도 하다. 시든 꽃대를 똑똑 따주어 제라늄 화분 주변의 공기를 선선하고 청정하게 만들어 준다. 습도를 낮추는 효과도 볼 수 있다.

❸ 이 시기 분갈이는 안하는 게 좋고 영양제를 주면 줄기와 뿌리가 약해지므로 주의한다. 아울러 삽목을 너무 많이 한 제라늄도 세력이 약해져 더위와 습기에 약하므로 자제한다.

7월 관리요령

7월은 본격적으로 장마가 진행되는 시기로 이 달에 내리는 비는 '착한 비'가 아닌 아주 제라늄을 괴롭히는 '심술꾸러기 비'임을 알아야 한다. 습기를 머금은, 그것도 뜨거운 열기가 식지 않은 비가 거의 매일 내리므로 뽀송뽀송한 환경을 좋아하는 제라늄에게는 아주 힘든 달이다.

❶ 고온다습한 비가 종일 내리면 실내에 있어도 후텁지근하고 습기가 마를 새가 없어 이러한 날에는 물주는 것도 자제해야 한다. 일기예보를 잘 듣고 세심하게 물 관리를 해야 한다.

❷ 그리고 첫째도 환기, 둘째도 환기에 신경 써야 한다. 환기는 여러 번 강조해도 부족한데 물기에 젖은 제라늄은 환기를 통해 잘 말려주고 꽃대는 습기를 머금는 스펀지이므로 물러지기 전에 잘 따줘야 한다.

❸ 유난히 줄기나 꽃대가 까맣게 타들어 가거나 쉽게 물러지는 제라늄은 3월이나 4월 양액재배 시 액비를 과용한 경우가 대부분이다. 특히 꽃이 연한 색일수록 햇볕에 약하므로 차광에 주의한다.

8월 관리요령

8월은 말복과 입추가 있는 달. 그러나 7월과 마찬가지로 고온다습한 환경은 여전하므로 제라늄 관리에 주의해야 한다. 아울러 입추 무렵 우리나라에 찾아오는 태풍에도 주의한다.

❶ 특히 8월은 7월 장마기간 동안 쌓인 습도가 최고조에 달해 오히려 7월보다 제라늄 관리에는 악전고투하는 달이다. 건조하고 청량한 환경을 좋아하는 제라늄 공주님을 위해 에어컨이나 선풍기 바람으로라도 습기를 날려주는 수고가 필요하다.

❷ 초기 10일 동안 이처럼 살뜰하게 관리하면 어느덧 말복이 지나면서 열대야도 없어지고 더위가 한 풀 꺾이는데 이때 분갈이를 해준다. 단, 뿌리가 튼튼하게 내린 것에 한해서이다.

❸ 온도가 높아지면 노랗게 잎이 변한 제라늄들이 많아 환경으로 인한 변이가 왔나 걱정되기도 하지만 선선해지면 이내 제 색깔로 돌아오므로 너무 걱정하지 않아도 된다. 10~15일이 지나면 제라늄이 좋아하는 계절이 온다는 희망으로 더운 계절을 잘 넘기자.

9월 관리요령

무더웠던 여름철을 잘 넘긴 제라늄 재배자가 '휴~이제 한시름 덜었다'라며 선선한 기운을 반기는 9월이다. 그러나 이때도 예상치 못한 복병이 있으니 그것은 가을장마. 잠시도 마음 놓을 수 없다.

❶ 9월은 선선해지면서 물이 잘 마르므로 여름철에는 조금씩 주는 물도 마른 후 한참을 더 있다 관수해야 하지만 이제는 겉흙이 마르면 바로바로 물을 줘야 한다.

❷ 여기저기 뾰족 올라 온 새순이 물과 비료를 맘껏 받아들일 태세를 갖추고 있는 시기이다. 이시기에는 물비료도 줄 수 있는데 물비료는 고형비료와 달리 바로바로 식물에 흡수돼 자칫 웃자라거나 잎만 커질 수 있으므로 주의해야 한다. 물비료를 준지 10~20일 제라늄 상태를 보고 다시 시용하면 된다.

❸ 여름을 나면서 영양소 부족으로 초록색 잎이 하얗게 되는 백화현상이 나타나기도 하는데 크게 염려하지 않아도 된다. 제라늄은 환경에 따라 쉽게 망가지기도 하지만 회복력 또한 뛰어나 찬바람이 불면 금세 다시 선명한 녹색으로 돌아온다.

❹ 이시기에 순지르기를 하면 풍성한 꽃을 볼 수 있다.

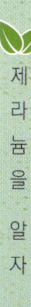

10월 관리요령

제라늄에게 생장하기 가장 좋은 달을 꼽으라면 단연 10월이다. 선선한 바람과 적당히 따뜻한 햇볕을 맘껏 쬘 수 있으며 아침저녁 온도차이가 커서 줄기가 짱짱해지고 꽃이 튼튼하고 소담스럽게 달리는 시기이다. 말하자면 '제라늄의 한가위' 철이다.

❶ 9월보다 쑥쑥 자라는 시기이므로 물 요구량도 그만큼 많아진다. 겉흙이 마르면 줘야 하는데 이 때 흠뻑 주기보다는 여름의 2~3배를 준다는 느낌으로 관수하면 된다. 여전히 한낮의 온도는 높으므로 햇빛이 약한 오후에 물을 준다.

❷ 지난여름부터 대기 중인 새순들에서 꽃들이 필 기세인데 삽목을 너무 자주하면 꽃이 늦게 피므로 시기를 잘 조절해야 한다.

❸ 10월은 제라늄 꽃이 가장 예쁜 때로 '이것이 제라늄이다'라는 매력을 발산하는 시기이다. 즉 조금 무관심해도 잘 자라는 때이므로 물조절에만 신경을 쓰고 이제 재배자도 한 걸음 떨어져 볼수록 매력 있는 제라늄을 즐겨보자.

11월 관리요령

겨울기운이 느껴지는 11월이다. 실외온도가 3~5℃가 되면 밖으로 내놓았던 제라늄은 실내로 들여놔야 한다. 비 한 번 내릴 적마다 온도가 뚝뚝 떨어지고 일조량이 짧아지는 때이므로 자칫 동해를 입을 수 있다는 점에 유의해야 한다. 월동준비를 해야 하는 시기이다.

❶ 특히 물 조절을 잘해야 한다. 11월부터는 속흙이 말랐을 때 오후 2~3시 햇볕이 있을 때 물을 준다. 온도가 낮은 저녁에 관수하면 습기가 덜 말라 자칫 잿빛곰팡이병 등이 발생할 수도 있기 때문이다.

❷ 아울러 11월 중순부터는 이제 비료도 끊어야 할 시기이다. 대략 1월 15일까지 2달 정도 비료는 주지 않는 편이 제라늄에 좋다.

❸ 11월에는 일조량이 부족해 꽃이 피다가 밑부분이 노랗게 되면서 떨어지는 현상을 자주 보게 된다. 특히 로즈버드계통이나 꽃잎이 많은 품종들에서 더 심한데 이는 햇빛 부족에 따른 생리현상이므로 너무 걱정하지 않아도 된다.

12월 관리요령

일조량이 줄어들고 온도는 낮으며 햇빛도 많이 부족한 제라늄 키우기에는 가장 어정쩡한 환경조건의 시기이다.

❶ 이 시기 관수 포인트는 겉흙이 젖어있는 상태에서는 절대로 물을 주지 않는다는 점이다. 물주는 양을 줄여준다. 실내습도는 높고 햇빛은 부족해 자칫 웃자라기 쉽다.

❷ 물을 주고 30분~1시간동안 환기시키는 것이 이시기의 관리 핵심. 집안의 습기를 깔끔하게 방출해야 잿빛곰팡이병 등을 예방하고 제라늄이 건강하게 자랄 수 있다. 제라늄이 있는 곳의 온도가 가장 높을 때, 즉 12시~오후2시 사이 환기시켜준다.

❸ 연중 가장 햇빛이 없는 시기로 꽃이 피기 시작하다 노랗게 떨어지면(특히 꽃잎수가 많은 겹꽃이나 로즈버드계통 등) 햇빛쪽으로 옮기거나 LED 전등을 켜 주는 것이 좋다.

❹ 삽목은 우리집 온도가 야간 10℃~20℃일 때 양지바른 곳에서 하면 되는데 이시기에는 삽목후 뿌리가 내리지 않는 등의 우려가 있으므로 삽목은 10월~11월, 1월~5월 사이에 실시하는 편이 낫다.

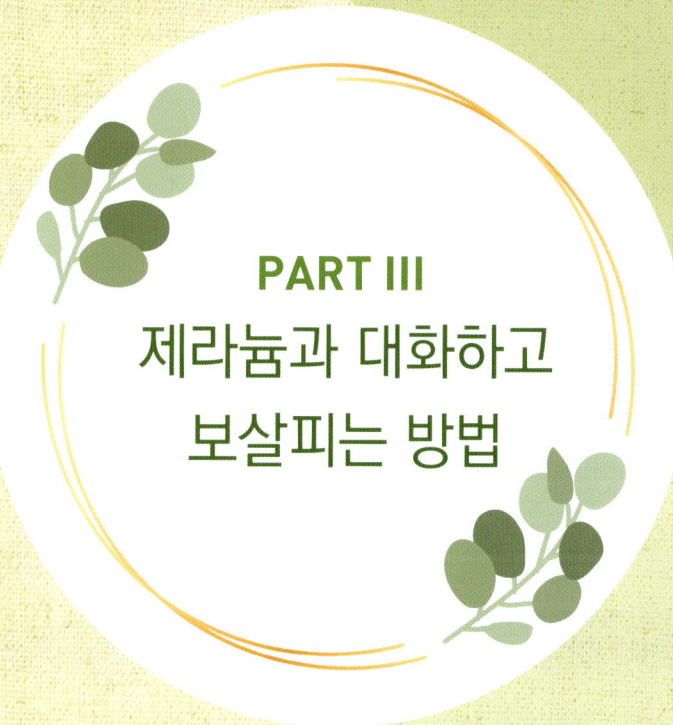

PART III
제라늄과 대화하고
보살피는 방법

제라늄 재배 키포인트
(공통)

제라늄 잎이 작고 잘 자라지 않는 이유

키우고 있는 제라늄의 잎이 작고 뼈대만 있는 경우는 물이 부족해서이다. 잎이 두터운 편인 제라늄은 잎에 물을 저장하며 목마를 때는 그 물을 가져다 사용하는데 건조할 경우에는 저장수분만으로는 부족하다.

따라서 겉흙이 말랐을 때 조금씩 자주 주는 것이 제라늄이 제대로 건강하게 생장할 수 있게 하는 노하우이다.

여름철 고온다습일 경우를 제외하고는 봄, 가을, 겨울 물을 자주 줘야한다는 점을 잊지 말자.

제라늄 키우기 적합한 비료 종류는?

제라늄 키우기에 적합한 비료는 재배환경, 사용자, 흙의 성질에 따라 다르다. 알려진대로 비료의 3요소는 질소, 인산, 칼리(칼륨)로 질소는 잎을 무성하게 하고 윤기있게 하는데 작용하며 인산은 식물조직과 열매를 튼실하게 맺게 하는데 작용하며 칼리(칼륨)는 뿌리와 줄기 그리고 꽃에 영향을 미친다,

제라늄의 경우 특정 요소를 과용하면 웃자라거나 꽃이 힘이 없는 등의 부작용이 나타나므로 질소 인산 칼륨이 동일비율로 제조된 비료를 사용하는 것이 좋다.

특히 고형비료의 경우 효과는 서서히 나타나지만 6개월 정도 그 성분이 작용하므로 액비보다는 고형비료를 권유한다. 제라늄 키우기에 적합한 비료는 제조사와는 상관없이 질소 인산 칼륨의 성분이 동일하게 제조된 원예용 비료이다.

※ 이는 농부네농장의 개인 의견임을 밝힙니다.

온도가 높을 때 제라늄에 나타나는 현상들

제라늄이 가장 힘들어 하는 환경이 고온다습한 곳이다. 잎이 작아지며 잎 끝 색깔이 히끗히끗 거리고 쪼글쪼글 해진다. 꽃도 찌그러지고 꽃잎 색깔도 제색을 발현하지 못한다.

이는 온도가 30℃가 넘어가면 뿌리가 제대로 영양분 흡수 못하고 제 기능을 발휘 못하기 때문이다. 온도는 높고 물과 영양분을 제대로 흡수 못하니 잎이 노랗게 돼 떨어져 뼈대만 남는 소위 '뼈라늄'이 된다.

특히 잎의 무늬가 아름다운 무늬종들은 초록 단색잎보다 더욱 열기에 약하므로 바람이 잘 통하는 곳에 최대한 시원하게 해준다. 에어컨이 제일 좋은 조건이겠으나 아쉬운 대로 선풍기 등을 활용, 한낮의 더위를 식혀줘야 한다.

더위를 이겨내지 못하고 잎이 노랗게 된 제라늄은 잎을 꼭 따줘야 하며 잎이 거의 남지 않은 '뼈라늄'이 되더라도 너무 놀라지 말고 시원한 바람이 불 때를 기다려야 한다. 거짓말처럼 새순이 돋고 하얗던 잎이 진한 초록으로 돌아온다. 이것이 제라늄의 매력이다.

물주기도 오후 5~6시도 아직 열기가 남아 있으므로 저녁 9~10시에 겉흙의 건조상태를 봐가며 관리한다.

제라늄 여름철 환풍·분갈이·물주기 등 관리요령

제라늄은 자태가 너무도 사랑스럽고 아름다워 말 그대로 반려식물로서 첫손에 꼽힌다. 단순히 식물재배를 넘어서 원예치유효과까지 경험하는 제라늄 매니아가 상당수이다. 이들에게 가장 어려운 시기는 여름철이다. 고온다습한 여름철에도 제라늄과 더불어 행복하게 지내는 방법을 살펴보자

여름분갈이는 되도록 안하는 편이 나으나 뿌리가 더 이상 돌 곳이 없어 발을 펼 수 없을 정도이거나 분갈이 한지 너무 오래됐을 경우 여름이어도 분갈이를 하면 된다. 이때 상토는 피트모스30 펄라이트70 비율로 섞어주는데 이는 배수가 잘 되도록 하기 위함이다.

분갈이 하는 화분은 기존화분보다 한 단계 더 큰 분, 즉 8cm분이면 12cm분으로 12cm분이면 15cm분에 분갈이 한다. 이 때 흙을 절대로 털면 안 된다. 심겨진 상태 그대로 두고 상토만 더해주는 정도로 툭툭 부려 채워주면 된다.

물은 종이컵으로 조심스럽게 겉흙에 줘야 하며 절대 호스를 이용 잎 위에서 주면 안 된다. 이렇게 했을 경우 끝이 물러지거나 까매지기 때문이다. 너무 물을 말리면 하엽돼 뼈대만 남아 죽일 수 있으므로 습도를 걱정해서 물을 말리지 않아야 한다.

밀폐된 공간에서 선풍기를 틀어주는 것은 의미가 없다. 반드시 창문을 열고 환기하면서 바람을 쏘여주어야 식물이나 흙이 마르지 않는다. 밀폐된 공간에서 선풍기를 틀 바에는 차라리 그늘진 곳에 두는 편이 낫다. 습도를 머금은 상태에서 선풍기 등으로 바람을 맞게 하면 열기를 머금은 습도가 식물에 그대로 전달돼 온열피해를 입을 수 있기 때문이다.

제라늄 비온 후 관리요령

장마가 지나간 뒤 실내든 실외든 제라늄은 많이 상처를 입은 상태가 된다. 특히 줄기가 물러지므로 꽃대나 잎을 잘 따주도록 한다. 미처 못 따 줬을 때는 바람이 잘 부는 곳에 둬서 습기를 말려야 한다.

아이비계는 잎 뒤에 수포가 생기기 쉬우므로 습해를 입지 않도록 더 주의를 기울여야 한다.

까맣게 된 꽃이나 잎을 따지 않고 방치해 두면 어느새 안 예쁜 제라늄이 돼 있다. 그런데 자꾸 잎과 꽃을 따주다 보면 줄기만 남아 죽은 것은 아닌지 염려되기도 하지만 생리장해를 입는 것보다는 꽃이나 잎을 떨구는 것이 나으므로 누렇게 된 잎이나 꽃은 열심히 제거해 준다.

제라늄은 물관리를 잘하면 여름에도 꽃이 피는데 대신 다른 화훼류에 비해 손이 많이 간다. 까다로워서 더 매력이 있는 것이다. 장마 이후 물관리는 맑고 건조한 날 관수하고 직사광선을 피해 제라늄 화분을 둬야 한다.

제라늄 병충해 어떻게 관리할까?

제라늄은 다른 화훼류에 비해 충해를 덜 입는 편이다. 제라늄 특유의 향이 해충을 멀리하기 때문이다. 다만 리갈계는 온실가루이 피해를 입기도 하지만 일반적으로 제라늄은 충해 보다는 병해 예방에 주의를 기울여야 한다.

특히 잎에 검은 점이 찍혔거나 볼록볼록 수포가 생기면 충해를 입은 것이 아닌지 염려하는데 이는 대부분 물관리를 잘못한 데서 비롯된 현상이다.

여름 온도가 높을 때 과습하면 줄기나 잎에 무름병이 생기기 쉽고 겨울철 낮은 온도에서 습해를 입으면 잿빛곰팡이병이 생길 수 있다.

또한 5월 나비가 날아다니기 시작하면 알을 잎에 낳을 수 있는데 이후 유충이 잎을 갉아 먹는 것에도 주의해야 한다.

잎이 오글거리거나 처진 것은 충해를 입은 것이 아니라 대부분 물 부족이나 생리장해에 의한 것이므로 환기에 신경 써야 한다.

가을·겨울 제라늄 물관리 요령

가을은 제라늄이 생장하기 가장 적합한 시기로 아꼈던 비료도 주고 분갈이도 하고 삽목도 하는 등 재배자 손길이 제일 바쁠 때이다. 이때는 겉흙이 마르면 바로 물을 줘야 한다.

물을 말리면 그만큼 덜 자란다는 점을 유념한다. 여름을 나느라 힘이 들어 줄기나 잎이 약해진 상태이므로 햇빛도 많이 쪼여주고 아침저녁 온도가 차이가 클 때이므로 물을 조금씩 자주 준다. 단 겉흙이 젖어 있을 때는 과습이 염려되므로 주지 않는다.

겨울철 실내에서 제라늄을 기르려면 야간기온 최저 5℃, 주간 15~20℃는 유지해야 한다. 아울러 낮에는 광합성을 잘 할 수 있도록 햇빛을 충분히 받도록 해야 한다.

일조량도 적은데다 10℃ 이하의 저온에서 물을 주면 곰팡이가 생기기 쉬우므로 겉흙이 잘 말랐을 때 조금씩 물을 준다. 물을 너무 말리면 잎이 노랗게 되며 햇빛도 없으면 웃자라게 된다.

제라늄 잎에 단풍이 드는 이유

제라늄을 키우다보면 잎에 불그스레 단풍이 드는 경우를 보게 된다.
화분흙의 pH가 산성화 되다보면 뿌리발달이 더뎌지고 영양소를 제대로 받아들이지 못해 잎이 노랗거나 붉어진다.

또한 여름에서 가을로 넘어가는 시기나 가을에서 겨울로 접어드는 환절기 아침 저녁 온도차이가 많을 때는 은행나무처럼 제라늄 잎들도 단풍이 든다. 이는 병적인 현상이 아니므로 염려하지 않아도 된다.

단풍이 든 제라늄 화분을 따뜻한 곳으로 옮겨두면 여기서 새로 나오는 잎은 초록색으로 돋아난다. 이처럼 일교차가 많이 나는 곳에서 자란 제라늄은 튼실하게 자라며 꽃색도 더욱 선명하고 풍성하게 피는 것으로 재배자의 걱정했던 마음에 보상한다.

오래된(나이 먹은) 제라늄의 분갈이 방법

오래된 제라늄은 흙에 영양분이 거의 없고 뿌리가 부실하다.
화분을 뒤집어 제라늄을 빼보면 위에는 거의 흙이 없다.
윗부분의 흙을 살살 털어준다.

밑부분 역시 뿌리를 조심해 살살 털어준다.
이때 가위로 자르면 뿌리가 손상되므로 주의한다.

기존 심겨져 있던 화분을 그대로 사용하는 것도 무방하다.
(새로운 환경보다 적응이 잘 된다)

용토는 쓰던 흙을 사용하면 안 된다. 오염되지 않은 새로운 상토를 사용한다. 밑부분에 흙을 채우고 기존 제라늄을 넣은 후 윗부분을 흙으로 채워주는데 꽉꽉 다지지 않도록 주의한다.

물로 흙을 눌러주는 느낌으로 흠뻑 물을 준다.

겨울철 갑자기 추워질 때 관리요령

낮의 온도가 영하로 떨어지는 때는 냉해에 주의해야 한다. 잎끝이 살짝 얼 수도 있다. 제라늄 화분이 놓인 장소의 온도가 너무 낮아 냉해가 염려된다면 가장 전통방식인 신문지로라도 덮어주면 좋다.

제라늄은 20~25℃에서 광합성 잘 이뤄지지만 낮 20℃, 저녁 5℃에서도 잘 자란다. 그러나 햇빛에 노출된 시간이 길더라도 광합성작용이 충분하지 않으면 꽃이 제대로 피지를 않는다.

꽃이 잘 피다가 노랗게 되면서 떨어진다면 일조량이 부족한 탓이므로 이때는 LED등을 쪼여준다. 아울러 겨울철 온도가 낮고 환풍이 안 되는 재배조건에서는 제라늄 잎이 커지거나 힘이 약해진다. 그리고 마디와 마디 사이가 길어져 웃자라게 된다.

겉흙이 잘 안마를 때는 물을 조금씩 달라는 뜻이다. 습도가 많아지면 마디가 길어지는데 제라늄을 짱짱하게 키워야 마디가 짧고 꽃도 제대로 핀다. 베란다나 거실 유리는 대부분 코팅이 돼 있어 그렇지 않아도 부족한 일조량을 더 줄인다. 주택환경을 제라늄에 맞춰 개조할 수도 없으므로 1월 중순이 넘어가 자연스레 햇볕량이 많아지는 때를 기다릴 수밖에 없다.

조날계 제라늄 재배
키포인트

조날계 제라늄 종류와 특징

'제라늄' 하면 제일 먼저 떠오르는 형태의 꽃이 바로 조날계 제라늄이다. 그래서 '국민 제라늄', '시장표 제라늄'이라 불리기도 하는데 일상에서 가장 많이 볼 수 있는 제라늄이다. 꽃볼도 크고 꽃이 크게 피며 관리도 수월한 편이어서 전문가들은 제라늄계로 입문(入門)하려는 이들에게 첫 번째로 권유하는 품종들이다.

도로변에 조경용으로 많이 심어져 있는 홑겹의 꽃이 피는 조날계 제라늄은 종자도 잘 맺히고 발아도 잘 돼 대량생산이 가능하다. 대신 외부 요인에 따라 꽃잎이 우수수 잘 떨어진다.

장미처럼 꽃잎이 30장 정도로 소담하게 피는 조날계 제라늄은 꽃을 피우려면 많은 에너지가 소요돼 아름다운 꽃이 한꺼번에 피지는 않는다. 유럽제라늄이라고도 불리는데 씨앗이 맺히지 않아 F_1 하이브리드 종자를 구입해야 한다.

잎 모양이 별처럼 생긴 스텔라 시리즈 조날계 제라늄은 더위에도 강하고 꽃대도 길며 나무도 크게 자란다. 그런가 하면 잎이 알록달록해서 잎만으로도 감상가치가 풍부한 것이 조날계 제라늄의 매력이다.

잎이 크고 윤기 반지르르 흐르며 잎에 톱니바퀴 같은 거치가 있는 잎이 아름다운 것도 조날계 제라늄의 특징이다. 잎을 만지면 마치 벨벳느낌이 나는 것들도 많아 잎이 눈길을 끄면 조날계 제라늄으로 보면 된다.

조날계 제라늄 분갈이 방법과 초보자가 키우기 쉬운 품종

꽃볼도 크고 장미처럼 풍성하게 꽃잎이 많은 로즈버드계 품종이 있다. 화려함을 맛보고 싶다면 선택해봄직한 품종이다.

흔히 제라늄이라고 말할 때 떠오르는 반겹 제라늄은 더위에도 강하고 독특한 향이 있어 충해도 거의 없다. 관리에 집중하지 않아도 연중 꽃이 저 혼자 피고 지는 순둥이 품종이다.

조날계 제라늄은 잎에 말발굽 무늬가 선명하고 잎 모양도 다양하며 잎의 감촉도 실크나 벨벳 느낌이 나는 품종이 많아 재배하다 보면 조날계 제라늄의 늪에서 헤어 나오지 못하게 하는 매력덩어리다.

화원에서 조날계 품종 분을 사면 반드시 분갈이를 해줘야 한다. 양액재배된 제라늄은 뿌리가 약하므로 안정을 찾는 1주일 후 분갈이 해준다. 그런데 이때 주의할 점은 절대 뿌리의 흙을 털어서는 안 된다는 것. 뿌리부분의 흙을 털어내면 나중 자라지 않고 꽃도 신통치않게 된다.

아울러 지피포트 역시 제거해서는 안 된다. 지피포트를 제거할 때 뿌리가 다칠 우려가 있으므로 지피포트 그대로 분갈이 한다. 분의 크기는 물주기에 부지런하기 힘든 상황이면 15cm 화분, 너무 자주 줘서 과습이 우려되는 유형이면 표12cm 분을 선택하면 된다.

플라스틱　　　토분

그리고 분의 종류는 꼭 토분을 고집할 필요는 없다. 물빠짐이 좋은 대신 쉬 마를 우려와 무겁다는 단점이 있어 플라스틱 분도 상관없다. 상토는 기본 코코피트 상토에 여름에는 펄라이트나 모래를 섞어줌으로써 열에 약한 제라늄이 뿌리가 썩는 것을 예방해 준다.

조날계 제라늄 모종 분갈이

조날계 제라늄을 사면 대부분 지피포트에 심어져 있다. 초보자들은 제라늄 재배의 알파와 오메가라 할 수 있는 물조절이 어려우므로 되도록 작은 화분에 분갈이 할 것을 권유한다. 12cm분이 적당하다.

흙을 털면 안 된다는 점은 계속 강조되는 사항이다. 뿌리가 다칠 우려가 있기 때문이다. 기존보다 1cm 정도 더 깊게 심고 바로 물을 주면 된다. 흙은 물을 줌으로써 자연스럽게 흙이 다져진다.

제라늄은 새순에서 꽃이 피므로 비료에 의한 개화 조절에 신경 쓰지 않아도 되며 물조절이 개화의 관건이라 할 수 있다. 물비료는 안주는 것이 자연스럽게 꽃이 예쁘게 피는 키포인트다. 빨리 꽃을 보고자하는 욕심에 액비를 사용하면 나무도 잘 자라고 꽃도 잘 피는 것처럼 보이지만 꾸준한 생명력을 기대할 수 없다. 세상에 공짜는 없다.

조날계 제라늄 순따기 하면서 풍성하게 키우기

조날계 제라늄을 풍성하게 키우고 싶거나 꽃대를 많이 형성하려면 순따기를 해줘야 한다. 순을 따주면 새순이 몇 배로 잘 나온다. 취미로 기를 때는 약물이나 기계에 의존하지 않고 손으로 하나씩 순을 따준다.

전체적인 수형이 엉성하거나 웃자란 가지나 꽃을 많이 보려면 새로 위로 자란 순을 잘라준다. 끝줄기의 생장점을 '똑' 잘라주면 된다. 따 준 자리에서는 이내 2~3개의 가지가 올라온다. 이 때 주의할 점은 한 화분 내의 순따기는 동시에 실시해야 한다는 것이다. 한쪽만 순따기를 하면 전체적으로 풍성하지 않고 균형이 잡히지 않기 때문이다.

아울러 제라늄은 너무 어릴 때 순따기를 하면 잘 자라지 않는다는 점도 유의해야 한다. 어린 제라늄은 분갈이를 먼저 하고 어느 정도 자랐을 때 순따기를 한다. 꽃을 풍성하게 볼 욕심으로 순을 너무 많이 따주면 꽃이 피는 시기가 그만큼 늦춰진다는 점도 감안해서 적당한 양을 순따기 한다.

조날계 제라늄 일반적인 관리

조날계 제라늄을 분갈이 하는 시기는 꼭 봄에만 하는 것이 아니고 한여름만 제외하고 제라늄 키우는 장소의 온도가 야간에는 5℃~10℃, 주간에는 15℃ 이상이 되면 언제든 분갈이 하면 된다. 식물들은 분갈이를 하면 뿌리를 뻗을 영역이 넓어지고 잘 자란다.

기존 화분보다 한 치수 큰 화분에 분갈이 해준다. 너무 큰 화분은 물조절이 힘들다는 점을 감안해야 한다. 일반 재배자는 특별히 생장촉진제나 개화촉진제를 시용하지 않으므로 제라늄이 건강하게 계속 개화하는 것을 기대할 수 있다. 그런데 내가 원하는 모양의 제라늄이 돼 더 이상 키우고 싶지 않을 때는 큰화분의 것을 작은 화분으로 분갈이 해주면 된다.

지피포트는 벗기지 않고 분갈이 한다. 지피포트가 있는 것이 더 강하게 잘 자랄 가능성이 높다. 꽃이 피기 시작해 어느 정도 볼륨이 생긴 수형이 되면 순을 따기보다는 그대로 두는 것이 좋다.

리갈계 제라늄 재배
키포인트

리갈계 제라늄 종류와 특징

리갈계 제라늄은 크게 3가지로 분류한다

첫 번째는 작게 자라는 품종군(品種群)
- 잎이 작으며 꽃도 작은 대신 잎이 많이 달리는 장점이 있다.
- 키가 크게 자라지는 않지만 순이 잘 나오고 가지도 많이 나와 수형(樹形) 잡기가 쉬워 작품을 시도하기 좋다.
- 엔젤아이즈시리즈, 콴탁시리즈가 대표적이다.

두 번째는 중간 꽃 크기의 품종군(品種群)

- 캔디플라워시리즈, 버뮤다시리즈가 대표적인 것으로 15개~20개 종류가 있다.
- 잎도 꽃도 중간크기라 제라늄 특유의 사랑스러움을 감상하는 데 적합하다.

세 번째는 꽃이 크게 자라는 품종군(品種群)

- 이름그대로 제왕(Regal)의 풍모가 돋보이는 것이 특징이다.
- 아리스토시리즈, 모나리자, 파비올라 등이 대표품종으로 꽃의 크기가 8cm~10cm로 무궁화만큼의 크기이다.

리갈계 제라늄은 무리지어 피어 화형(花形)이 아주 아름답다. 크는 속도가 빨라 수형 잡기가 어렵다는 단점도 있다. 그러나 제라늄 전시회장을 압도하는 것은 단연 이처럼 크고 화려한 리갈계 제라늄이다.

리갈계 제라늄 어떻게 하면 잘 키울까?

크고 아름다운 꽃이 가득한 리갈계 제라늄화분은 보는 이의 마음을 풍요롭게 한다. 리갈계 제라늄은 3~4월, 9월에 뿌리가 뻗어나가기에 공간이 좁아지고 뿌리가 막히는 것을 방지하기 위해 분갈이를 한다. 본격적으로 분갈이하기 전 리갈계 제라늄 기르기 첫 번째 수칙은 물을 말리지 말자는 것이다. 리갈계 제라늄은 잎이 작으면 꽃도 작고 잎이 크면 꽃도 크다는 점을 기억해두자.

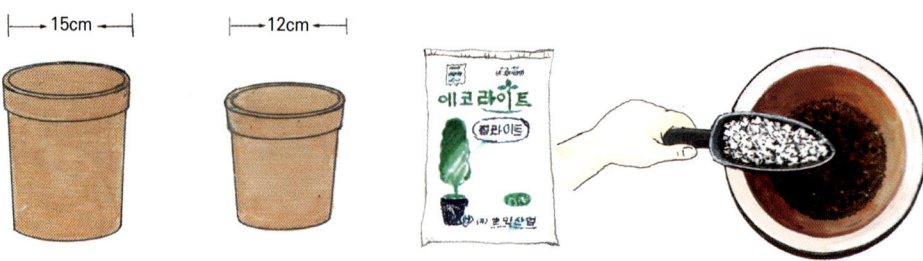

꽃을 크게 보려면 15cm 분에, 자잘한 꽃을 보려면 12cm 분에 심는다. 물을 좋아하는 리갈계 제라늄은 너무 배수가 잘 돼도 곤란하므로 펄라이트를 적게 넣어도 된다.

분에 모종을 넣을 때 지피포트를 제거하지 않고 그대로 넣어야 한다. 섣불리 지피포트를 제거하려다 뿌리가 상한다. 지피포트는 1년 정도 지나면 흙 속에서 녹아 없어진다. 분에 넣고 절대 순을 쳐서는 안 되며 잎도 걷어내지 않도록 주의한다. 좋은 꽃을 보기 어렵기 때문이다.

분갈이를 마치고 풍성한 꽃을 보려면(리갈계 제라늄은 보통 12월부터 이듬해 7월까지 꽃을 볼 수 있다) 물을 충분히 주는 것이 중요하다. 개화촉진제를 주면 일시적으로 많이 피기는 하지만 꽃을 오래 볼 수 없다.

여름에는 최대한 그늘에 두고(리갈계 제라늄은 그늘에서도 잘 자란다) 액비를 주지 않도록 한다. 멀티코팅 비료를 한 번에 20~30알 얹어둔다.(완효성 비료는 3~6개월 성분이 지속된다고 알려져 있으나 농부네농장 경험에 의하면 한 달에 한 번씩 흙 위에 얹어두는 것이 효과적이다)

리갈계 제라늄 기를 때 주의해야 하는 병해충은 온실가루이다. 아주 작은 나비처럼 생긴 온실가루이가 날아다니면 주변이 뿌옇고 똥을 싸면 잎 등이 까맣게 돼 관상가치가 떨어진다.
방제방법은 계피 달인 물을(계피가루를 물에 풀어도 좋다) 분무기에 넣고 수시로 살포하면 된다. 온실가루이가 날아다닐 정도면 상당히 충해가 퍼져있을 가능성이 높으므로 평소에 화분을 잘 살펴보는 것이 중요하다.

리갈계 제라늄 여름 잘 나는 방법

리갈계 제라늄은 성격상 야생종에 가까워 여름 더위에 강하다. 여름철에는 햇빛을 본다 해서 꽃이 피는 게 아니므로 약간 그늘진 곳에서 기른다. 여름철 혹서(酷暑)기간 동안 리갈계 제라늄 기르기 포인트는 다음과 같다.

화분의 흙은 늘 촉촉한 상태를 유지해야 한다.
(물을 조금씩 자주 주는 조날계와 달리 물이 마르면 잎이 작아지고 잎이 떨어질 우려가 있으므로 아침저녁으로 흠뻑 주어서 물이 마르지 않게 한다)

노랗게 된 잎은 반드시 따 준다. 방치하면 줄기가 썩는다.
(여름철을 잘 넘기면 10월, 11월이 되면 언제 그랬느냐는 듯 왕성하게 자라는 리갈계 제라늄을 볼 수 있다)

물을 줄 때 절대로 잎에 닿아서는 안 된다. 잎에 얼룩이 생기거나 화상을 입는 원인이 되기 때문이다.

리갈계 제라늄 여름철 물주는 방법

꽃잎이 5장 홑겹이라 에너지를 많이 필요로 하지 않아 여름에 강한 편이다. 약간 그늘진 곳에서 물을 흠뻑 주는 것이 여름철 관리의 전부라 할 정도로 손쉬운 꽃이다.

사계절 내내 꽃이 피지는 않지만 물주기를 게을리 하지 않으면 여름철에도 수시로 '빼꼼' 꽃 얼굴을 내밀어 주는 기특한 꽃이 리갈계 제라늄이다.

리갈계 제라늄 모종 분갈이 시기

농장, 화원 또는 인터넷으로 리갈계 제라늄을 구입했을 경우 수입산인지 국내재배산인지를 구별하는 방법은 간단하다. 지피포트의 유무(有無)이다.

수입산

국산

수입산은 지피포트가 있고 국내 생산은 지피포트가 없다고 보면 틀림없다. 국내에서 제라늄을 생산하는 경우는 외국에서 이미 그 품종이 단종 됐거나 수입이 안 될 경우이다. 수입산은 품질이 좋고 상품성이나 크는 속도도 빠르다.

수입산　　　　　　　　국산

수요가 많지 않을 경우 국내농가에서 모주(母株)를 보관해서 삽목 등의 방법으로 번식한 리갈계 제라늄은 관리에 따라 수입산 못지않은 품질을 기대할 수 있다.

수입산의 경우 분갈이 시기는 지피포트 그대로 심은 화분 밑으로 뿌리가 나왔을 때이다. 대개 1주일 정도로 보면 된다.
(이 때 유의할 점은 절대로 지피포트를 제거하지 말라는 것)
그대로 보관했다가 물을 좋아하므로 물을 말리지 않도록 주의한다.

리갈계 제라늄 순따기 방법

제라늄을 풍성하게 키우고 많은 꽃눈 형성을 위해서는 순 따기를 해야 한다.
순을 안 따주면 멀대 마냥 커져 볼품이 없어진다.
순따기 방법을 살펴보자

리갈계 제라늄은 조날계 제라늄, 아이비계 제라늄과는 달리 위를 자른다.
그래야 위로만 자라지 않고 가지가 4개~5개 나온다.
순(머리)을 따준다. 그러면 곁순이 나오면서 많이 나와 꽃대가 형성된다.
꽃대 밑을 따준다.

묵은 잎도 끝을 따준다. 반드시 밑에 잎이 붙어 있는 상태에서 따준다. 그러면 20~30일정도 지나면 잎이 풍성해진다. 잎과 꽃이 작은 리갈계 제라늄인 엔젤아이즈 시리즈 등도 순을 따줘야 풍성한 꽃을 볼 수 있다. 따줄 때는 다른 분도 동시에 순 따기를 해야 한다. 자주 순 따기를 하지 않으면 하나씩 하나씩 따로 꽃이 피어 풍성함은 기대하기 어렵다.

아울러 겨울철이라도 물을 말리면 그 다음 해 좋은 꽃을 볼 수 없다. 겨울동안에도 촉촉하게 관리하는 게 필요한데 야간 5℃, 주간 15℃~20℃면 잘 자라므로 베란다에서 키우기도 쉽다. 잎에 직접 물만 안 뿌리면 된다.

리갈계 제라늄 어떻게 꽃대가 형성될까?

리갈계 제라늄은 10℃에서 20일 정도 새순이 노출될 때, 즉 저온을 지나야 꽃눈이 형성된다. 화원에서 구입한, 양액재배 시 개화촉진제를 사용한 제라늄은 처음에는 풍성하게 많은 꽃을 볼 수 있으나 이후에는 제대로 피질 않는다. 농부네농장에서 구입한 모종은 분갈이하고 순을 따주면 12월부터 길게는 7월까지 끊임없이 꽃을 볼 수 있다. 꽃눈 형성은 어떻게 되나?

순을 따주면 5~6개의 꽃대가 형성되므로 반드시 순을 따준다. 12월에 순 따기를 해주면 30~50일 후인 2월부터 꽃을 보게 된다.
(화원에서 사온 그대로 방치하면 꽃이 1대에서만 피어 제라늄의 장점인 풍성함을 기대하기 어렵다. 그러므로 조금 부지런을 내서 반드시 순 따기를 하자)

꽃대 있는 곳을 제거해주면 바로 제라늄은 성장, 새순이 나온다. 뼈대만 남은 나이 먹은 제라늄도 순치기를 해주면 동시에 풍성한 꽃을 볼 수 있다.

순 따기를 안하면 이미 형성된 꽃대에서만 꽃이 피어, 삐쭉 키만 큰, 멋없는 1대뿐인 꽃을 봐야하고 반대로 순치기를 너무 자주하면 저온을 거쳐야 하므로 꽃이 늦게 핀다.

2월부터 꽃을 보려면 늦어도 12월말까지는 순 따기를 마쳐야 한다.

아울러 순 따기 후부터는 물바라기 리갈계 제라늄의 특성을 고려해 물을 말리면 안 된다. 겉흙을 만져보아 말랐으면 바로 물을 줘야 풍성한 꽃을 오래 볼 수 있다.

리갈계 제라늄 잎이 노랗게 변하는 원인과 예방

리갈계 제라늄 잎이 노랗게 변하는 이유
물이 마르면 잎이 타들어 가듯 갈색으로 변하면서 노랗게 된다.

가급적 저녁에 물을 준다.
잎에 물이 닿지 않게 주의한다.
아침에 직사광선 아래에서 물을 주면 화상을 입을 우려가 있기 때문이다. 약간 그늘진 곳에서 물을 주는데 이왕이면 통풍이 잘 되는 곳에 둔다.

이미 황화(黃化)된 노란 잎을 따주지 않게 되면 썩을 우려가 있다.

리갈계 제라늄 밖에 내놓고 키울 때 주의할 점

겨우 내내 햇빛이 부족해서 대부분 연하게 자란 제라늄은 갑자기 직사광선을 받게 되면 화상을 입게 돼 잎이 까맣게 된다.

실내에서 밖으로 내놓을 시기에는 햇볕을 바로 쬐지 않게 하고 물을 살포시 잎을 젖히고 준다는 점에만 주의하면 된다.

만약 대부분의 잎에 물자국이 났거나 탔을 경우 1/3정도 잎을 따주고 이상의 수칙을 지켜주면 본래의 건강한 제라늄으로 회복된다. 일단 밖으로 나오면 통풍걱정이 사라지므로 물비료(液肥)를 많이 줘도 크게 염려가 없다.

아이비계 제라늄 재배 키포인트

아이비계 제라늄 둘러보기

아이비계 제라늄은 말 그대로 담쟁이 넝쿨처럼 잎이 늘어져 자라는 제라늄이다. 담쟁이에 탐스럽고 아름다운 꽃이 피었다 상상하면 무조건 키우고 싶은 마음이 들 것이다.

축 늘어진 잎이 특징인 만큼 무늬가 있는 팬시리프종이 많다. 꽃이 없어도 잎만 감상하는 것만으로도 눈이 즐거워진다.

늘어지게 자라는 것이 특징인 아이비계 제라늄은 키우기 쉬우면서도 까다롭다. 홑꽃이 피는 아이비계 제라늄 종류는 특히 잘 자라 키가 2m까지 늘어진다. 마디와 마디사이가 길며 자칫 웃자람이 심한 꺽다리가 될 수 있다.

꽃잎의 장수가 30장 가까이 되는 장미 닮은 아이비계 제라늄은 처음 필 때는 장미처럼 피다 나중에는 꽃잎이 다 펼쳐지는 특징이 있다.

아이비계 제라늄 종류와 특징

담쟁이 넝쿨처럼 잎이 축 축 늘어져 생장하는 아이비계 제라늄은 창가와 베란다를 아름답고 화려하게 장식하는 보석 같은 꽃이다.

장미꽃처럼 꽃잎이 30장이나 되는 소담하게 피는 아이비계 제라늄은 순따기를 해주면 연중 계속해서 개화해 온도가 맞으면 옥외에서도 사철 꽃을 볼 수 있다. 대신 여름에는 잘 녹아내린 다는 점을 감안해야 한다.

물 조절에 따라서 잎 가장자리가 붉은 색을 띠다 흰색이나 분홍색으로 변하는 무늬종 아이비계 제라늄은 꽃이 홑꽃이 많으며 순따기만 잘해줘도 잘 퍼지고 생명력이 강하다.

햇빛이 너무 강하면 잎이 타버리기 쉬우므로 여름철에는 적당한 차광도 필요하다. 잎에 털이 있는 연두색 아이비계 제라늄은 특히 온도에 민감하므로 유의해서 돌본다.

잎이 아이비계 제라늄은 대체적으로 잎 크기가 작은 대신 증발량이 많으므로 물을 조금씩 자주 줘야 한다.

아이비계 제라늄 튼튼하고 아름답게 키우는 관리요령

햇빛 좋아하는 제라늄계의 해바라기 아이비계 제라늄은 조날계나 리갈계에 비해 습기와 열기에 강하게 육종됐지만 재배자의 관리가 부족하다 싶으면 잎이나 꽃으로 바로 표현하는 돌직구 제라늄이다.

물을 많이 줬을 때는 잎이 너무 커지나 조날계처럼 물러지고 썩지는 않는다. 대신 잎에 토돌토돌한 하얀 수포들이 나타나 초보자들은 벌레가 알을 깐 것 아닌가 의심하는데 이것은 아이비계 제라늄이 필요 이상의 수분을 뱉어낸 흔적이다. 과습하면 이처럼 잎도 지저분해지고 웃자람이 심해지므로 즉시 물주기를 줄여준다.

잎을 7~8cm 정도로 키운다는 생각으로 물을 조금씩 자주 주면 병충해에도 강하고 꽃도 잘 피운다. 그런데 반대로 물이 부족하면 잎이 타들어가 잎이 다 떨어지고 줄기만 남는다.

홑꽃이거나 통풍이 잘 안됐을 때 웃자라기 쉬운데 이때는 과감하게 가지치기를 해준다. 가지치기 할 때는 칼로 잎이 붙은 위를 잘라 준다. 반드시 밑에 잎이 붙어 있어야 나중 새순이 잘 나온다는 점에 유의해야 한다. 가지치기는 분 전체를 동시에 해야 나중 원하는 모양의 풍성한 수형을 볼 수 있다. 가지치기는 분 전체를 동시에 해야 나중 원하는 모양의 풍성한 수형을 볼 수 있다.

삽수는 너무 연한부분 말고 대략 40~50일 된 가지(단 목질화 되지 않은 것)에서 채취한다. 삽목할 곳의 상토에는 하루 전에 물을 준다는 점이 팁(Tip)이다. 적당히 촉촉한 흙에 삽수를 그대로 꽂거나 나무젓가락 등을 이용 미리 홈을 파서 상처가 안나도록 삽목한다. 삽목후에는 되도록 건조하게 관리한다. 건조한 2월~5월초에 삽목하면 대체적으로 건강하게 잘 자란다. 삽목 시 주의 할 점은 절대 마디삽목을 해서는 안 된다는 것이다. 뿌리가 더디 내리고 내려도 끝이 썩어 들어가기 때문이다.

아이비계 제라늄 모종심기와 분갈이 요령

아이비계 제라늄은 크게 자라는 특성을 고려해 한 번 분갈이 한다는 점을 관리 포인트로 잡아야 한다. 커버린 상태의 아이비계 제라늄을 분갈이 하면 가지가 부러지기 쉽기 때문이다.

따라서 화분을 고를 때 신중히 크기를 선택해야 하며 상토 역시 2~3년을 유지한다는 점을 염두에 두고 펄라이트나 마사토, 모래를 섞어준 다음 흙을 만들어 준다. 아울러 흙에 지효성 고형비료를 섞어주는 것도 좋다.
피트모스, 펄라이트, 모래, 마사토 등의 비율은 재배환경을 고려해 결정하면 된다.

흙과 분이 준비됐으면 모종을 잘 선택할 차례이다. 일반적으로 좋은 모종이란 뿌리가 튼실하게 자란 것을 말한다. 너무 당연한 상식이지만 뿌리발달이 좋은 모종이 나중 화분에서 활착이 잘되고 순도 잘 나며 뿌리가 잘 내리기 때문이다.

심을 때는 대부분 가정에서는 12cm분을 선택하는데 아이비계 제라늄의 특성을 살리고 싶으면 되도록 15cm분 이상의 화분에 심을 것을 권한다. 아이비계는 많이 심을수록 풍성하게 잎을 펼쳐 그 매력을 충분히 발산하는 것이다. 물론 1대를 심어도 되지만 20cm분에 3대를 심은 것과 비교해 나중 전개될 잎상태가 시간적으로 차이가 나는 것이 당연하다. 그리고 늘어지는 아이비계 제라늄을 특성을 고려한다면 12cm분은 행잉바스켓으로 키우는 편이 잘 늘어지게 하는 요령이다.

아이비계 제라늄 분갈이 할 때 조날계나 리갈계와 마찬가지로 흙을 털거나 지피포트를 제거하면 안 된다. 살짝 본래 흙이 안보일 정도로 분갈이 하고 새순을 수시로 잘라주면 활착도 잘되고 크게 잘 자란다.

한편 오래돼 목질화 된 아이비계 제라늄은 되도록 줄기가 안으로 들어가게 깊게 심는다. 이때도 비슷하게 자란 품종을 모아 심기 한다.

참고 자료

pac-elsner.com

lovegreen.net

greensnap.net

schminoenge.jp

ag.umass.edu

agrifarming.in

ars.usda.grv

en.garden-landscape.com

나무위키